中国农业科学院
农业经济与发展研究所
研究论丛
第 6 辑

● 本书为中央级公益性科研院所基本科研业务费专项资金资助项目

IAED

Research on the Influence of
Internet Popularization in Rural Areas on
High–quality Development of Agriculture in China

农村互联网普及对我国农业
高质量发展的影响研究

辛岭 刘衡◎著

中国财经出版传媒集团

经济科学出版社
Economic Science Press

　　党的十九大报告指出，我国经济已经由高速增长阶段转向高质量发展阶段。作为高质量发展的重要任务和重点领域，农业农村高质量发展既是实现农业农村现代化、全面建成社会主义现代化强国的必由之路，也是破解"三农"发展系列难题、实现乡村全面振兴的必然要求。中华人民共和国成立以来，我国农业发展取得了长足进步，粮食产量连续五年稳定在6.5亿吨以上，用占世界9%的耕地养活了占世界近20%的人口，消除了农村绝对贫困，农业现代化有了质的飞跃。但也应该看到，我国现代农业发展起步较晚，仍面临诸多挑战，农业单产水平不高、劳动生产率低，农业资源利用率较低，农产品市场综合竞争力有待提升；农村劳动力老龄化、农村"空心化"、农业兼业化和副业化现象严重，面对当前农业生产存在的生产要素非农化和主体老弱化等现象，如何在不平衡不充分发展问题中推动农业高质量发展成为时代之问。数据作为新时代关键生产要素之一，在转变经济增长方式和转换新旧动能中发挥着重要作用，能够有效推动农业高质量发展的变革。面对新一轮科技革命迅猛发展，人工智能（AI）、第五代移动通信（5G）、大数据、云计算、区块链等新兴技术不断更迭，而互联网在农业农村普及过程中，存在着融合程度不深和主体数字素养偏低等诸多问题，因此，如何有效发挥互联网普及对农业高质量发展的助推作用，实现现代农业生产提质增效，对于实现农业农村现代化意义重大。

　　本书以农业高质量发展理论为指导，在农业高质量发展内涵探讨的基础上构建农业高质量发展的测算指标体系，并运用 CRITIC 方法测度我国 2009~2020 年全国省域农业高质量发展水平。进一步将互联网信息技术加入拓展的生产函数中，理论推演农村互联网对农业高质量发展的替代效应、协同效应和渗透效应，运用静态和动态面板模型加以实证检验，同时利用 2018 年北京大学中国家庭追踪调查的 741 户微观农户数据辅以佐证与丰富，主要得出以下研究结论。

理论层面：（1）农业高质量发展本质是数量和质量的螺旋式上升过程，以新发展理念为指导，以供给侧结构性改革为抓手，坚持以人民为中心、统筹发展与安全的底线原则，以产业体系、生产体系和经营体系为微观路径，最终实现质量变革、效率变革和动力变革的整体推进。（2）互联网信息技术对农业高质量发展的影响存在三种理论逻辑：一是互联网信息技术直接影响农业高质量发展，调整要素投入和推进技术创新，促进动力变革；二是互联网信息技术协同其他要素，提升资本和劳动的投入质量，促进质量变革；三是互联网信息技术渗透农业部门，提高全要素生产率，改进要素配置方式，促进效率变革。

实证层面，宏观来看：（1）我国由效率变革主导农业高质量发展整体水平不高，农业高质量发展子系统和省际差异明显，加剧全国发展水平的不均衡性，区域格局呈现东部高西部低等特征。（2）农村互联网普及对农业高质量发展存在显著的替代效应、协同效应和渗透效应，其中替代效应随时间趋势逐步增强；农民受教育水平在两者影响关系中存在双重门槛效应。（3）从区域来看，东部地区和粮食主销区、主产区的农村互联网普及对农业高质量发展有显著的正向促进作用，而中西部地区和粮食平衡区的互联网促进作用并不明显。微观来看：（1）使用互联网和使用频率越高、认为互联网越重要的农户，其农业全要素生产率越高，且不存在互联网使用选择性偏差。（2）互联网使用对农户农业全要素生产率的影响具有年龄差异，仅在 40~60 周岁区间存在显著的正向作用。最后，在以上理论与实证研究的基础上，提出农村互联网普及促进农业高质量发展的提升路径与对策措施。

农业高质量发展与农村互联网普及的内容十分丰富，我们的研究还存在不少的问题，还需要进一步深化。由于作者研究和写作水平有限，本书难免会存在一些欠缺，恳请专家学者们不吝赐教，给予批评指正，共享经验，相互探讨，共同推动我国农业农村现代化的理论与实践发展。

作　者

2022 年 7 月

目录

Contents

第 1 章

导 言

1.1 研究背景

推进农业供给侧结构性改革，是农业高质量发展的核心要求。2017 年《关于深入推进农业供给侧结构性改革加快培育农业农村发展新动能的若干意见》指出，以促农增收和保供增产为主要目标，通过优化农业生产经营和产业结构，促进农业由资源消耗型向质量内涵型转变。2019 年发布的《国家质量兴农战略规划（2018—2022 年）》将高质量发展理念付诸具体实施方案，以质量高、效益高、效率高、素质高和竞争力强为基本框架，强化创新驱动和提质导向。2021 年"十四五"规划再次重申以推动高质量发展为主题，统筹发展和安全，充分发挥农业基础生产、生态保护和文化传承等多种功能。2021 年 12 月中央农村工作会议上进一步强调保障初级农产品有效供给的重要性。可见，农业高质量发展是以消耗型向内涵式转变为导向，是发挥农业多功能性、提升要素配置效率和保障农产品有效供给有机融合。

我国经济发展长期保持高速增长的运行状态，国民消费需求逐渐由总量型转变为结构性，社会主要矛盾转变为人民日益增长的美好生活需要和不平衡不充分的发展之间的矛盾，迫切需要转换经济增长方式和动力，高质量发展成为回应时代要求的必然选择。农业作为城乡融合发展和农业农村优先发展的重要基础支撑，有必要把农业高质量发展放在科学研究的首位。当前我国农业关注的重点已经由数量多不多转变为品质好不好（寇建平，2018），但农业增长理念仍然滞后，农业生产经营方式相对粗放、资源环境约束日益趋紧、农村产业融合不深，以及农业大而不强、多而不优问题依然存在。因此，如何推动农业高质量发展成为时代主题。

在互联网普及率超过70%的时代，信息技术正潜移默化地影响着我们的生活与生产方式。发挥数据要素对经济总产出的指数式增长贡献，促进农业智能化和数字化发展，十分迫切。《"十四五"全国农业农村信息化发展规划》把数字农业和数字乡村建设部署到具体任务之中，促进农业全产业链数字化转型。2020年共有2851个专业村镇和5435个淘宝村，农产品网络零售额达到5750亿元，数字技术对农林牧渔业渗透率上升为8.90%[①]，互联网信息技术在农村产业融合、农业生产经营智能化等方面大展身手。但如何分解农村互联网普及对农业农村现代化的助推作用，又有哪些改进途径增强互联网信息技术的助农效益，是深入理解互联网信息技术在农业高质量发展中作用的关键。

而当前乡村呈现出的生产要素非农化、环境污损化、相对贫困化、用地空虚化和主体老弱化等特征（刘彦随，2018），对互联网信息技术在农业农村领域的广泛应用产生一定制约。根据样本数据分析，农户上网率不足30%，受教育水平为初中及以下的占比66.53%，55周岁及以上的占比51.28%，认为互联网作为信息获取渠道不重要的占比62.93%，表明互联网渗透与应用面临农户上网意愿不强、目标对象老龄化和数字素养偏低等现实问题。理论研究表明互联网信息技术对经济增长具有替代效应、渗透效应和协同效应（蔡跃洲等，2015），但在生产要素由乡村向城市转移的背景下，互联网信息技术是否真实融入现实农业生产经营活动，又如何通

---

① 阿里研究院.1%的转变：2020年中国淘宝村研究报告［R］.2020.

过农户的行为和认知改善互联网信息技术应用的外部性，发挥互联网信息技术对农业生产活动的创新与优化，有待实证检验。

那么，如何理解农业高质量发展？农村互联网普及如何影响农业高质量发展？这种作用机制在宏观逻辑和微观实践之中又有何种差异？对于这些问题，尽管互联网信息技术覆盖不断实现下沉和拓宽，在促进农村产业结构柔化和农业生产高质高效等方面取得巨大成就，成为加快实现农业农村现代化的重要力量，但准确评估农村互联网普及对农业高质量发展的实证研究较为缺乏。目前的相关文献多数注重农业高质量发展的内涵阐述、特征归纳和水平测算、互联网对农业全要素生产率的影响（郭家堂等，2016；黄群慧等，2019）等。因此需要结合我国的宏观经济增长环境和微观生产主体实践进行实证检验来回答这些问题。

1.2 研究综述

1.2.1 经济高质量发展的相关研究

经济高质量发展是我国新发展阶段的主题，关于经济高质量发展内涵的相关研究可大致分为以下三类。

第一类以新发展理念和社会主要矛盾为视角，旨在解释高质量发展的内在逻辑。高质量发展是充分体现创新、协调、绿色、开放和共享的阶段过程（何立峰，2018），以是否有助于解决不平衡不充分发展问题和满足人民美好生活需要作为根本标准（程承坪等，2018）。从结果来看，发展是实现更高层次和更可持续的发展，所蕴含的不只是规模量的提升，更是结构质的改革；从过程来看，发展是依据社会主要矛盾变化而变化的一种动态平衡状态，也即从"有没有"到"好不好"的两个转变（杨三省，2018），并无限接近供需平衡和充分发展的状态。新时代高质量发展亟须实现技术创新与制度创新"双轮"驱动（厉以宁等，2019）。

第二类以经济发展的某一领域为抓手，旨在解释高质量发展的具体特征。总体来说，高质量发展是产出质量、动力变革、绿色发展和结果共享的统一（王春新，2018）。从经济高质量发展看，宏观意义上高质量发展包含经济结构、城乡区域和生态环境的协调（任保平等，2018），最终实现整个行业的全要素生产率提升、居民生活水平综合改善和国民经济运行稳定（吕薇，2018）；微观意义上认为高质量发展是在产品生产和配套服务等基础方面更具效益，在收入分配和经济循环等流通环节更加有效（林兆木，2018；李伟，2018）。从农业农村高质量发展看，农业高质量发展是基础生产稳定、经营主体素质提升和国际竞争力增强的有机统一（韩长赋，2018），表现为生产的规模化、产业的融合化和经营的多元化（辛岭等，2019）。

第三类区分狭义和广义，旨在深刻理解高质量发展的内在含义。高质量发展是紧紧围绕人民真实需求而变革的经济创新模式和上升过程（金碚，2018）。从经济发展方式来看，高质量发展问题本质上是制度建设问题（高培勇等，2020），提高全要素生产率是高质量发展的动力源泉（刘志彪等，2020）。高质量发展不仅要求产品符合质量标准、服务满足消费需求，更对产业融合和区域协调等中观层面作出方向规定；从经济发展结构和动力来看，高质量发展强调的是国民经济运行总体稳定和质量效益大幅提升，其实践主体包括宏观经济、产业、企业，基础动力包括要素质量、创新动力、技术基础（赵剑波等，2019）。

关于经济高质量发展的测度，相关研究主要从单一指标和综合指标展开。单一指标主要从高质量发展的增长动力和外在表现出发，测算技术进步贡献率（徐现祥等，2019）、绿色全要素生产率（余泳泽等，2019）和人均实际 GDP（陈诗一等，2018）。由于单一指标仅体现高质量发展的某一方面，更为普遍的是构建综合指标体系反映高质量发展的多维性（金碚，2018），可大致分为以下几类：第一类从新发展理念的五个要求构建高质量发展指标体系（李梦欣等，2019；方大春等，2019），并逐渐加入主观层面感受反映高质量发展"满足人民需求"的根本宗旨（刘家旗等，2021）；第二类通过具体含义讨论构建高质量发展指标体系，有的从"高效""包容""可持续发展"等基本特征构建（张军扩等，2019），有的从微观、中观和宏观主体（鲁继通，2018）、经济循环环节（韩军辉等，2019）等角度构建指标体系，较为翔实地反映高质量发展的系统性。

关于中国经济从高速度增长向高质量发展转变的发展动力，金碚（2018）认为，质量是指产品能够满足实际需要的使用价值特性，需要市场经济工具理性与经济发展本真理性的有效契合进而提供发展动力，促进经济高质量发展；蒲晓晔（2018）提出，通过重塑需求动力、提升供给动力，从供给和需求两个方面构建相互促进、相互转化、彼此依赖的动力体系，从根本上解决中国经济运行中有效需求不足与有效供给不良并存的问题，进而促进中国经济高质量发展；陈昌兵（2018）研究指出，创新是新时代中国经济高质量发展的动力。

1.2.2 农业高质量发展的相关研究

1. 关于农业高质量发展的内涵研究

进入新发展阶段，农业发展定位应由高产高效的单一目标转变为生产优质、生态安全和农民增收的多维目标，转换农业增长动力（李国祥，2017）。农业高质量发展表现在产业体系完备、市场竞争力增强、绿色优质产品供给增加、资源配置优化、全要素生产率提升、产能结构合理、各类主体充满活力等方面（张务锋，2018）。产业体系、生产体系和经营体系是推进农业高质量发展的重要组成（夏显力等，2019），对产品质量、经营管理和竞争力提出更高的要求（钟钰，2018）。农业高质量发展要做到"产品质量高、产业效益高、生产效率高、经营者素质高、国际竞争力高、农民收入高"（黄修杰等，2020）；农业高质量发展的本质内涵在于保产、高效、减量和增收（张露等，2020）。绿色发展引领、供给提质增效、规模化生产、产业多元融合等是农业高质量发展的主要特征（辛岭等，2019）。在国内大循环格局下，农业高质量发展是发展与安全的统一，不仅要充分保障粮食安全和城乡收入差距缩小，更要发挥农业多功能（于晓华等，2021）。因此，农业高质量发展表现为城乡消费需求升级带动的生产经营和产业结构转变，是适应社会主要矛盾变化和客观规律的综合升值，逐步实现低端低值向高端高值农产品生产的更新（Mergenthalerm et al.，2009）。

2. 关于如何测算和反映农业高质量发展的研究

梳理文献现相关研究可大致分为三类：一是从广义角度构建综合评价指标体系，综合反映农业高质量发展水平；二是从狭义角度以农业全要素生产率为代理变量，映射农业高质量发展的本质；三是从实践角度选择微观主体行为，利用农业经营主体的粮食生产参与、生产规模和生产方式指代农业高质量发展（钟真等，2021），此类方法尚存在于个别研究之中，在此仅对广义和狭义角度的农业高质量发展水平测算展开论述。

第一类是构建测算指标体系。总体而言，农业高质量发展水平的测算指标体系基本延续经济高质量发展的构建逻辑，并逐渐细化为农业内部不同行业的高质量发展水平测算。早期韩海彬等（2017）以经济增长质量指标体系为参照，从产出效率、结构特征和生态环境等方面综合评价我国省域农业增长质量，而后辛岭等（2019）在农业现代化指标体系的基础上，对农业高质量发展的测算指标体系作出改进。自此，学术界对农业高质量发展水平测算展开翔实研究，相关量化研究进一步划分为：基于农业高质量发展特征构建的测算指标体系，如谷洪波等（2019）分别从经济效益的产品和产业结构、生态效益的绿色发展和社会效益的增收效应等方面展开评价；基于新发展理念构建农业高质量发展测算指标体系，如刘涛等（2020）从"创新、协调、绿色、开放、共享"比较我国农业高质量发展的省域水平。

第二类是计算农业全要素生产率。高质量发展本质上表现为全要素生产率的稳定提升（刘志彪等，2020），且质量提升最终表现在生产效率上（金碚，2018）。农业全要素生产率测算的不仅是农业投入产出比例和资源利用效率状况，更是技术进步对农业发展的贡献率，以此来反映农业由资源要素投入型转向高质高效型的过程。农业全要素生产率测算的代表性研究如龚（Gong，2020）考虑到各地农林牧渔结构的差异性，使用变系数生产函数对全要素生产率进行测算，李谷成等（2011）利用数据包络分析测算了在生态环境约束下农业全要素生产率的变化，全炯振（2009）运用随机前沿方法分析了农业全要素生产率的时空动态变化特征。随着研究深化，全要素生产率计算不断聚焦于家户层面农业全要素生产率（王璐等，2020），以及考虑农业面源污染和碳排放的农业绿色全要素生产率（金芳等，2020）。

3. 关于农业高质量发展的影响因素

制度安排、人口结构、资源环境、资本积累、技术创新和对外开放均对新时代高质量发展有重要影响（任保平等，2018）。政府干预和政策创新是转变农业发展方式、引领生产变革动力的重要保障（Bechdol et al.，2010），农业支持政策和制度约束是提高农业生产经营效率的重要前提（张社梅等，2020；陈宇斌，2022）。从人口结构看，城镇化是否显著提升农业高质量发展水平仍然存在分歧（刘涛等，2020；李士梅等，2017），矛盾在于现阶段农业高质量发展和新型城镇化彼此间的作用力度存在不同，新型城镇化对农业高质量发展的带动作用比较微弱（龚锐等，2020）；从财政金融看，财政扶持对农业生产发展具有明显的支撑作用，财政支农力度越大对农业高质量发展助推作用越高（李晓龙，2021），并且促进效果也明显强于农村金融发展（王兴国等，2021）；从产业结构看，产业结构转换或调整有助于产业软化和融合，提升产业增长质量（杨仁发等，2019；李晓龙，2021），但如果产业结构转换过快容易导致资本流失和"脱实向虚"，某种程度上会抑制全要素生产率提升（刘志彪等，2020），而社会化服务能够有效化解这种抑制风险（钟真等，2021），因此产业融合化和服务化对农业高质量发展具有一定的促进作用。

4. 关于农业高质量发展的驱动因素

在理论研究方面，一是以科技创新推进农业高质量发展。科技创新是经济高质量发展的根本动力，经济高质量、优质化发展主要取决于科技创新是否为第一动力，经济发展也只有依靠科技进步才能实现质量变革、效率变革、动力变革（王永昌等，2019）。区别于扩大生产规模和增加要素投入的传统农业发展路径，科技创新将信息、技术、知识等要素应用于农业生产全产业链，通过质量、效益、绿色导向推进农业高质量发展（王兴国等，2020）。二是以数字经济发展完善现代农业生产体系、推进农业高质量发展。数字经济具有可再生性、普惠性、高渗透性、非竞争性、非排他性、边际效益递增性等特点（温涛等，2020），是高质量推进农业供给侧结构性改革的有效抓手，数字经济与实体经济的深度融合发展对推动经济高质量发展具有显著的竞争新优势，要在农业发展全过程贯穿信息化技术和数字化科技（刘元胜，2020）。在实证研究方面，郝一帆等（2019）利用中国省际面板数据考察生产服务业集聚对农业高质量发展的影响，研究结果表明前者对后者具有显著的促进作用。程士国等（2020）通过构建动态增长和风险期望模型，探寻农业高质量发展的内生动力，根据模型推导结果提出农业高质量发展应该培养新型农业人才，提高农户的技术偏好水平。

1.2.3 互联网普及与经济高质量发展

数字经济本身具有强扩散性、降成本性和高成长性特征（宋洋，2019）。在新兴技术营造出的经济环境下，通过新全要素生产率、新投入要素和新资源配置效率均可提高经济均衡水平（荆文君等，2019）。数字经济是继农业经济、工业经济之后的新型经济形态，是以数据资源为重要生产要素，以现代信息网络为主要载体，以信息通信技术融合应用、全要素数字化转型为重要推动力，促进公平与效率更加统一的新型经济形态（康伟等，2019）。

互联网与产业结构内在关系的研究方面，唐晓丹等（2013）认为，"三网融合"即电信网、互联网和广电网相结合，可以有效推动产业结构升级，并且相对于传统工业经济，互联网经济模式改变了需求方式，可以按照消费者的需求进行多层次和多样化生产，进而实现产业结构升级（殷小丽，2018）。雷晓艳（2018）认为在传统出版行业上，互联网时代下中国传统出版行业面临严峻挑战，通过互联网技术建立核心出版业务服务体系是转型之路。冯文娜（2019）认为随着互联网经济的快速发展，通过融合式创新手段可以较好地促进传统企业有效转型。黄阳华（2015）认为德国"工业 4.0"计划对中国实现产业政策向由互联网经济推动的创新创业发展新模式转变具有重要意义。刘国斌等（2016）则以中国东北作为分析对象，认为"互联网＋"产业是实现东北振兴的可行路径。赖迪辉等（2019）则认为"互联网＋"农业是中国传统农业产业链转型升级的重要举措，通过将新技术与农业结合，可以有效拓宽农产品销售渠道，提升农业综合竞争力。胡伟（2019）认为在经济向高质量发展转型阶段，应进一步强化互联网领域的反垄断管制，以提高中国产业组织发展的可持续性。

互联网普及与经济高质量发展研究方面，新时代国民经济的高质量发展体现在我国经济发展的质态跃迁、动能转换与理念升级（迟福林，2018）。互联网经济以其具有行业与时代特色的高质量发展，引领了新时代国家经济高质量发展的新浪潮（赵立昌，2015）。数字经济带来了基础设施变革、新增生产要素、生产方式革新、组织方式重构、价值链延伸、空间格局调整等，影响到产业的方方面面（盛磊，2020）。互联网经济的高质量发展与国民经济整体发展形成了相互协调促进的格局，构成了经济高质量发展的重要组成部分（冯俏彬，2018）。创新是实现我国经济高质量发展的根本动力，而互联网经济的创新属性则更加明显及多样化（任保平，2018）。随着我国国民经济发展增速的放缓和结构性调整，以及居民人均可支配收入的逐年增长，消费逐渐成为了驱动经济增长重要动力（邹薇，2018）。互联网经济因其直面消费市场和 C 端用户群体、注重用户体验及引导，而对促进居民消费升级的贡献显著增加（赵萌，2020）。在经济结构优化、创新驱动发展、经济增长动力和经济发展中，数字经济推动经济高质量发展动力变革、效率变革和质量变革，最终实现经济向高质量发展阶段转变（张鸿等，2020）。

1.2.4 互联网普及与农业发展

1. 互联网普及推动农村人力资本提升

家庭互联网普及促进了不同空间大规模数据的快速交换，降低了信息扩散和知识传播成本，有助于提升乡村人力资本。互联网一方面为农户提供更多的信息和知识分享资源，使农户根据自身经验和认知能力处理知识信息，开展自我培训和干中学，壮大高素质农民队伍，为实施乡村振兴提供中坚力量；另一方面吸引具有新思想、新理念、新知识和新技能的"新农人"参与乡村建设，使其成为乡村社会创新的实施主体（高彦彦，2018）。人力资本积累是实现农业高质量发展的重要条件，通过乡村人力资本积累，农村宽带普及可以加快涉农新技术的推广应用进程，实现农村经济的内生性增长。随着乡村人力资本水平的不断上升，农村互联网普及可以实现知识信息分布式处理（distributed processing）带来的价值倍增效应，有利于农户发挥乡村建设的主体性，参与乡村创新创业，提升脱贫增收质量（田勇等，2019；王剑程等，2020）。

2. 互联网普及推动农业技术进步

使用互联网可以促进互联网技术与农业的融合，催生出了诸如无人驾驶拖拉机等在内的一大批新型农业技术。互联网技术推进了农业遥感应用，提高了农机装备智能化水平，为农业物联网技术提供强大支撑，促进了农业科技创新（蔡慕宁，2021）。此外，互联网技术构建的网络环境，使农业领域的科研活动能够跨越时空的障碍，实现协同创新研究，畅通科研资源在网络上的交流渠道，提高科研效率，增强农业技术创新能力（张洋和陈文波，2018）。

3. 互联网普及提升农业技术效率变化的影响

农业技术效率反映不同农业投入物（化肥、农药、劳动力和资本等）

的利用效率。资源合理分配、农业技术推广与扩散和生产经营效率的提高都有利于农业技术效率的改善（李婕等，2019）。互联网技术通过改造农业供应链，缩短了农业生产资料交易链条，交易效率得到了明显改善，从而优化了农业生产要素的资源配置（王芳，2016），进而提高了农业技术效率。此外，互联网信息技术可以打破信息不对称的壁垒，在较大范围向农户传递最新的知识，加快新技术在农户间的传播，促进效率提高（Maningas，2006）。互联网平台上开展的新农业教育和农民职业技能培训，共享了新的知识技能，加快了农业技术扩散与推广，提高了农业技术效率（杨柠泽，2020）。

4. 互联网普及提高农业农村发展质量

随着农业数字化的转型，以及农业大数据建设的逐步完善，互联网给农业农村发展提供新的动能。从互联网使用对农户的影响角度来看，首先互联网技术可以破除小农户迈向大市场的瓶颈，改善农产品的流通和贸易，加快农业农村经济结构的调整（李志刚，2007），同时互联网会推动农村的消费升级，释放农村居民的消费潜力（祝仲坤等，2017）。互联网使用对农业生产的影响方面，张哲晰（2018）、左斐（2019）均指出互联网的使用可以提供新型农村金融产品等资本投入要素的供给（如农业补贴、贷款等），促进农业生产行为的改善。整体来看，"互联网＋农业"新的经济模式通过技术渗透、功能拓展、资源整合来推动一二三产业融合，同时也可以丰富数据的资源属性，缓解农业生产经营信息不对称的问题，结合供求关系进行资源优化配置（马晓河，2020）。实现生产效率提高，劳动成本降低，商业模式扩展，流通效率提高，从而促进农业资源环境可持续发展，提高农业农村发展质量（罗菁菁，2022）。

1.2.5 互联网普及对农业高质量发展的影响研究

有效发挥互联网对农业高质量发展的促进作用是多主体协同和多机制

联动的复杂问题，需要在国家、产业和企业等方面作出创新改变（易加斌等，2021）。理论研究发现，互联网信息技术与农村传统要素融合，一方面增强传统要素的价值再创造能力；另一方面有助于培育新兴产业和新型业态，为农业高质量发展拓宽增长空间。互联网信息技术通过嵌入农业要素配置体系、涉农流通体系、经营主体培育体系等现代化农业系统，重塑农业结构内部的增长动力和发展优势（杨建利等，2021），通过数字乡村建设为人赋能、促产业共生、为民服务，较大程度地发挥数字技术的扩散效应和普惠效应，为加快实现农业高质量发展插上腾飞翅膀，同时高质量发展需求也为数字乡村建设指明方向（夏显力等，2019），有助于生产要素配置的全方位革新，更对农业农村生活方式产生根本性变革。与此同时，我国数字乡村建设还处在摸索阶段，互联网基础设施建设和网络服务供给速度与经济发展需要存在"脱节"，互联网信息技术对农业农村领域的渗透与融合程度不深，农民对数字信息学习能力不足限制了其获取和分享互联网红利（殷浩栋等，2020），甚至这种"数字鸿沟"成为制约相对贫困地区、相对贫困人口脱贫致富的重要影响因素，这就需要合理预判互联网信息技术的阶段影响和个体影响差异。

自索洛提出"生产率悖论"，有关信息技术与生产率的研究成为讨论热点。宏观实证研究发现，信息通信技术发展利于经济总量的积累与扩充，乔根森等（Jorgenson et al.，1995）指出 1979~1985 年以计算机为代表的信息技术平均每年对美国总产出增长贡献是 0.52%，奥林纳等（Oliner et al.，1994）深入探究计算机资本对经济增长的影响关系，指出 1970~1992 年计算机资本平均每年对美国产出增长的贡献是 0.16%。美国之外的其他国家也发现互联网信息技术与经济增长关系的经验证据。波霍拉（Pohjola，2001）利用 1985~1992 年 39 个国家的面板数据核算出信息技术资本的产出弹性为 0.31，OECD 国家子样本核算得到信息技术资本对产出弹性为 0.23。蔡跃洲等（2015）利用中国 1977~2012 年数据检验了信息通信资本可能存在的替代和渗透效应，测算得出信息技术对经济增长贡献率为 3.4%，1990 年以后呈现明显上升态势，2010~2012 年贡献率高达 9.8%，为中国经济高速增长提供新的动力源泉。

与其他资本一样，信息通信资本的投入存在替代劳动力的可能（Ace-moglu et al.，2014）。同时有研究发现信息通信资本协同劳动力能够实现产值和收益的再创造（汪淼军等，2006、2007a、2007b）。

微观研究表明，互联网信息建设的质量变革和增收效应等作用显著，普遍认为互联网信息建设和数字化应用有助于农业全要素生产率提升（李欠男等，2020），但其中也受到农村人力资本的门槛效应约束（朱秋博等，2019），也就是说农民的数字转化能力对信息化促进农业生产效率提升有一定的制约作用（韩海彬等，2015）。城乡收入差距缩小作为农业高质量发展的重要方面，互联网普及对城乡收入差距的影响呈现先增大后减小趋势，且增收效应在城乡地区中存在较大差别（程名望等，2019）。从互联网应用看，数字普惠金融不仅正向促进农业高质量发展，也可以平衡区域发展的不协调性（张合林等，2021），主要原因在于其能够显著推动农村产业融合（张岳等，2021）和农业全要素生产率提升。总体来说，无论是宏观层面还是微观层面，互联网基础设施建设、数字化应用等互联网信息技术对农业高质量发展有显著的促进作用。

1.2.6 互联网普及与农业高质量发展路径的研究

"十四五"规划明确指出，经济社会发展要"坚定不移贯彻创新、协调、绿色、开放、共享的新发展理念，坚持稳中求进工作总基调，以推动高质量发展为主题"，这其中就包含着农业高质量发展。实现农业高质量发展是一项持久、复杂的系统工程，单单应用传统农业生产技术已难以满足日益增长的高质量农产品需求（张宇翔，2020）。实现农业高质量发展是一项复杂、严峻的系统性工程，不但面临着资源环境的现实约束，也亟待寻找新动能。在农业发展的不同历史阶段，其支撑动能具有不同的实现方式和条件，或者存在不同的模式（李国祥，2017）。长期以来，为了保障农产品总量供给安全，中国农业主要通过增加农业化学品投入、土地资本要素投入、机械投入等常规动能来实现"总量平衡、丰年有余",甚至出现了结构性过剩,农业产出不能被及时消化,造成了资源的浪费(钟钰,2018;梁书民和于智媛,2016)。同时,通过常规动能实现农业发展所带来的污染也令人担忧,在以高产优良种子为中心并配合以灌溉和施肥技术改进的农业发展模式下,农业生产可能付出较大的环境代价(李谷成,2014)。

大数据、云计算、移动互联网、物联网、区块链等新一代信息技术逐渐被应用到农业领域,深刻改变了农业的发展方式,提升了农业的生产效率与发展质量,促进了农业的转型升级(朱秋博,2019)。此外,信息技术发挥了提高农村人力资本水平、提升农民市场对接能力、提供创业就业机会、推动农业产业转型升级的作用(曾亿武等,2016)。互联网打破了原有的社会结构、关系结构、地缘结构,重塑了乡村治理格局,从技术上为民众的多元参与拓展了新的途径与方式(沈费伟,2020)。数字经济具有可再生性、普惠性、高渗透性、非竞争性、非排他性、边际效益递增性等特点,具有融合赋能和增效效益,能够实现自我迭代,为农业高质量发展提供支撑作用和引领路径(温涛等,2020)。数字经济是高质量推进农业供给侧结构性改革的有效抓手,数字经济与实体经济的深度融合发展对推动经济高质量发展具有显著的竞争新优势,要在农业发展全过程贯穿信息化技术和数字化科技,提高相应主体数字素养,推进农业数字化治理现代化,通过实现农业数字化转型来提高农业效率和能级,提高供给体系质量和效率,走出一条农业高质量数字化转型道路(刘元胜,2020)。

1.2.7 研究述评

目前对经济高质量发展及细分行业高质量发展已经展开不同深度的研究,在互联网信息技术与经济增长关系的讨论中,多数关注数字产业化和产业数字化等外在表现对经济高质量发展的影响;相关研究虽然涉及农业生产的诸多方面,但仍只是对发展状况的初步总结,随着数字技术向农业领域渗透，以数字技术赋能农业高质量发展的内在机理和政策措施还不够清晰。少有讨论农村互联网普及助推农业高质量发展的机理和实际效应，且较少深入区分和讨论农村互联网普及对农业高质量发展的替代效应、渗透效应和协同效应。

已有文献主要围绕农业高质量发展的意义、表现、机遇及挑战、推进农业高质量发展的对策等进行了研究，为农业高质量发展提供了理论基础及政策导向。主要集中在内涵机理探讨、发展路径探索、水平定量测度以及影响因素分析等方面，普遍认为农业高质量发展具有多维性和动态性等特征，从新发展理念和发展特征角度理解农业高质量发展，并以此为主要维度构建评价指标体系测度发展水平。对农业与"互联网 +"之间的讨论多集中在"互联网 +"改造传统农业的主要表现。对于农业高质量发展与互联网普及，目前还有一些值得进一步探讨的问题没有被涉及。

因此，本书提出如何进一步丰富农业高质量发展的评价研究，如何从本质上理解与区分信息技术作为生产要素对农业高质量发展的作用等疑问。

综上所述，本书认为仍然可以从以下两个方面拓展研究。

（1）基于关于农业高质量发展理论，构建符合时代发展主题和特征的农业高质量发展测算指标体系，更有助于综合反映和理解农业高质量发展。

（2）基于对生产函数的拓展，把农业高质量发展作为经济发展的综合产出，实证检验和区分农村互联网普及对其产生的影响，有助于从本质上深化要素配置对农业高质量发展影响的认识。

第2章

理论基础

2.1 相关理论

2.1.1 经济增长理论

经济增长是经济发展的核心内容，经济增长理论一直是经济学家关注的焦点问题，经济增长理论内容丰富。

一是古典经济学增长理论。亚当·斯密阐述了分工对经济增长的重要作用，同时也强调了劳动力、土地和资本的作用。李嘉图提出资本积累是经济增长的重要保障。哈罗德和多马认为资本是决定经济增长的唯一要素。

二是新古典经济增长理论。罗伯特是美国杰出的经济学家，也是新古典经济增长理论的主要创立者，除此以外，对新古典经济增长理论做出重大贡献的还有英国的经济学家斯旺。对于新古典经济学来说，从短期来看，起决定性作用的其实是劳动力和资本积累的增加，但是，从长远的角度来看，起决定性作用的其实是技术进步。由于新古典增长模型的基本假设和分析方法沿用了新古典经济学的思路，故被称为新古典增长模型。在新古典模型中有效劳动的增长率是外生给定的。因此，新古典模型并没有对这种差异做出任何经济解释。总之，尽管新古典增长理论在逻辑上符合这些经验事实，但它的解释却是远远不够的：外生的技术进步远远不能揭示经济增长的内在机制。

三是新增长理论。新增长理论突破了技术进步是外生变量的束缚，认为技术进步是经济增长的决定因素。卢卡斯和娜莫作为代表的新经济增长理论自从 20 世纪 80 年代中期以来，迎来了一个新的发展契机。所谓的新经济增长理论又叫作内生的增长理论，表示实际的人均 GDP 增长是因为人们在追求个人利益中做出的重要选择，而且这种增长是能够无限持续下去的。新经济增长理论的主要模式是以各种知识外溢的内生型经济增长模式以及外在的收益递增模式，作为主要代表的理论模式就是罗默的收益递增增长模型和卢卡斯的专业化人力资本积累增长模型。罗默模型强调了知识投资的作用，卢卡斯人力资本模型认为经济增长的源泉是人力资本积累。农业经济作为整体经济综合体的重要组成部分，其快速发展对于整体经济的贡献重大。研究表明，农业全要素生产率的提升主要来源于农业技术进步和农业技术效率的提高，而实现农业全要素生产率提升的可持续性关键在于农业科研创新应用和农村人力资本保障，促进农业经济发展进而推动经济稳步增长。

2.1.2　经济发展理论

20 世纪 50~60 年代之前，传统理论认为：经济发展意味着国家财富增加和劳务生产增大以及人均国民生产总值提高。20 世纪 60 年代以后，这种观点受到了国家现实的若干个挑战。一些国家人均国民生产总值迅速增长，但其社会、政治和经济结构并未得到相应改善，贫困和收入分配不公平情况仍十分严重。因此，经济学家把经济发展同经济增长区别开来。前者具有更加丰富的内涵，不仅涉及物质增长，而且涉及社会、经济制度以及文化的演变。既抓紧经济规模在数量上的扩大，还着重于经济活动效率的改进，同时又是一个长期、动态的进化过程。

经济发展理论是研究在经济增长基础上，一个国家经济与社会结构现代化演进过程的理论。经济发展理论是以发展中国家经济发展为研究对象，而发展中国家的经济发展问题自第二次世界大战以来一直是当今世界经济学家们关注和讨论的焦点。经济发展理论在产生和发展过程中出现了一些较有影响力的流派。

新古典主义学派发展理论。按照结构主义的理论从而奉行计划化和政府多方干预的发展中国家并未达到预期的目标，反而面临着种种困难。现实的经验迫使经济学家对结构主义的增长理论和政策主张进行重新评价和修正，并在此基础上形成了新古典主义经济发展理论。新古典主义学派发展理论的特点是：强调外向发展和对外贸易、强调经济的私有化、重视农业发展和人力资本投资。该学派具有代表性的理论有收入再分配论、自由贸易论、市场机制论、农业发展论、人力资本理论。代表性人物有库兹涅茨、加里·贝克尔、舒尔茨。

激进主义学派，又称新马克思主义学派。激进主义学派对新古典主义持彻底的批判态度，它大量地吸收了马克思主义的经济思想，运用马克思主义的历史唯物主义方法论和社会主义理论揭示发达国家对发展中国家的国际剥削关系，他们认为，帝国主义和殖民主义的存在是不发达国家不发展的根源，只有挣脱帝国主义、殖民主义统治的枷锁，才能真正为其发展创造必要的条件，这也是马克思主义学派与西方正统的经济发展理论根本区别。激进主义学派主要学说有：依附性理论、不平等交换论、阶级斗争国际化论、社会主义革命论、世界资本主义体系理论。代表性人物有沙米尔·阿明、巴芒、卡尔多索、桑托斯、伊曼努尔、斯威齐等。激进主义对马克思主义经济理论的发展做出了重要的贡献，国内有学者认为它与西方其他经济理论相比，对我国建设中国特色的社会主义具有更为重要的参考和借鉴意义；也有学者指出激进派认为发展中国家只有建立国际社会主义体系才能成功发展的观点存在一种极端化的倾向。

20 世纪 80 年代以后，现代经济发展理论进入了一个新的发展时期，许多新的理论与模型相继出现，主要有新经济增长理论、新制度主义、寻租理论、可持续发展理论等，这些理论明显地不同于此前的经济发展理论，因为在这一时期，发展经济学呈现了融合的趋势，包括发展经济学与主流经济学、社会学、政治学、法学、伦理学等学科的融合和经济发展理论内部各学派之间的融合。当然，融合并不是完全的趋同，新的观点必能在融合中产生，而永不消失的学术派别之争则是发展经济学前进的动力。

2.1.3 农业现代化发展阶段理论

根据世界农业发展历史进程，一般可以简要将其划分为三大阶段，即原始农业、传统农业和现代农业三个阶段。原始农业以利用人力，使用骨制、简单的石制工具为基本特征。传统农业是以直接经验技术为基础，使用简单的铁木农具，以及人力、畜力、水力进行生产，在这一过程中农业技术的进步和生产发展极其缓慢，社会化程度、土地生产率、劳动生产率都很低。现代农业的本质是不断打破传统农业均衡状态，实现更高层面的均衡，因此是一个动态和相对的概念。目前，国际上现代农业发展的战略目标是在走"科技驱动、内生增长"发展道路的基础上，围绕三个安全（粮食安全、食品安全、生态安全），不断优化农业生产结构和完善市场流通体系，提高"三大效率"（土地产出率、资源利用率、劳动生产率）和"三大效益"（经济效益、社会效益、生态效益），最终实现高产、优质、高效、生态、安全的农业发展。

目前，在世界范围内可以看到农业的几个阶段同时并存，发展很不平衡。发达国家已处于现代农业阶段，生产水平高，城乡差距小；而发展中国家大多还停留在传统农业阶段，生产不稳定，城乡差距大。传统农业主要存在于撒哈拉以南的部分非洲国家（世界银行，2008）。

从生产力发展进程来看，从以手工劳动为主的传统农业向以机械化、产业化为主的现代农业转变，再向以生物化、信息化为主的知识农业转变。由于本国生产力发展水平的制约和产业发展战略的不同，不同国家的农业发展处于不同发展阶段上，西方发达国家的农业基本实现了现代化，其标志是机械化、生物化、信息化；一些不发达国家和最不发达国家的农业生产基本上还处于手工生产时期；大部分发展中国家的农业处于第二个发展阶段，但情况差别非常大，有的已基本实现了现代化，有的刚刚进入工业化阶段，大部分国家处于从第二阶段向第三阶段过渡时期。

从农业经营方式来看，经历了由以单个家庭为主向以公司、合作组织为主的转变。工业社会以前，传统农业是典型的分散型经营方式，农产品的提供者和购买者、消费者处于平等地位。当资本主义经济过渡到市场经济和大工业生产以后，社会对农产品的需求，由以个体居民户单个需求者为主转变为以大公司和联合垄断组织需求为主，社会对农产品的需求以购买消费品为主转变为购买中间品为主。农民的交易对象发生了变化，农民作为农产品的供给者与农产品的需求者进行交易的过程中，农民开始处于不利地位，分散的供给者不可能与力量强大的集中的需求者讨价还价，这使得农民只有两条路可走：一是通过土地的规模经营，建立具有实力的农业生产公司；二是在土地适当分散经营的基础上，建立农民合作组织。道路的选择与本国农业的实际情况，尤其是土地的经营规模直接相联系。以美国为代表的一些国家走的是第一条道路，以日本和以色列为代表的一些国家走的是第二条道路。

在农业发展阶段理论中，具有代表性的是 20 世纪 60 年代由美国农业经济学家约翰·梅尔提出的农业发展三阶段理论。他将农业的发展分为传统农业、资本技术农业和高资本技术农业三个阶段。他指出农业的发展一开始主要是通过增加资本、土地、人力等传统投入要素来促进农业的发展，该阶段农业生产技术的发展处于停滞状态。接下来农业的发展步入通过少量农业生产技术革新，在技术进步的复合作用下提高农业生产效率的资本技术农业阶段，该阶段农业的发展呈现出了一定的技术性特征。随着农业技术的进一步发展和推广，农业发展步入了它的第三个发展阶段，即高资本技术农业阶段。该阶段最主要的特征是农业生产的机械化操作，农业生产呈现了集约化、高效化的发展特征，农业与其他产业的关联度日趋提高，但是农业部门的相对重要性显著下降。

蒂默（C. Peter Timmer）在对西欧、美国、日本等国家农业发展状况的长期研究后提出农业发展的四阶段理论，该理论把农业发展阶段划分为国家对农业投入阶段、农业资源流出阶段、农业与宏观经济整合阶段和工业对农业的反哺阶段四个阶段。农业的投入阶段是由国家向农业投入基础设施和新技术，变革土地使用状况，促使劳动力生产率不断提高，从而创造农业剩余。农业资源流出阶段是国家通过税收、货币、市场分配等不同手段促使农业资源流向城市，为城市化、工业化提供支持。农业成为社会经济增长的主要贡献者。由于资源流出农业，农村劳动力和产品市场必须与经济中的其他产业整合，农业剩余被用以发展非农产业。学者普遍认为，社会发展中的二元经济结构正是在这一阶段得以迅速形成。农业与宏观经济的整合阶段是农业资源的加速流出，导致农民的收入与分配不平衡进一步拉大，从事农业生产与从事工业以及工商业等工作人群的贫富差距逐渐拉大，农村社区的生活质量得不到提高；同时，国家的城市化和工业化迅速发展，劳动力结构也在发生巨大变化。对农业的反哺阶段是当工业化与城市化达到较为发达的水平之后，国家逐步减少对农业资源的提取并最终在政策引导下，运用工业资源与收益对农业发展进行补贴与支持，加快农业发展，提高农业机械化程度和科技水平，改善农村社区生活条件，最终实现农业与工业、城市与农村的统筹协调发展。速水佑次郎（1988）提出"农业发展三阶段论"：以增加生产和市场粮食供给为特征的发展阶段，提高农产品产量的政策在该阶段居于主要地位；以着重解决农村贫困为特征的发展阶段，通过农产品价格支持政策提高农民的收入水平是该阶段的主要政策；以调整和优化农业结构为特征的发展阶段，农业结构调整是该阶段的主要目标。

2.1.4 二次农业现代化理论

1988 年，美国学者 C. 迪恩·弗罗伊登博格立足于现代生态观视角，在《后现代世界中的农业》中首次明确提出"后现代农业"概念，弗罗伊登博格表示："我们在农业方面已进入了一个后现代世界。我之所以坚持这一看法，是因为我坚信，这个曾养育了我的现代世界已处于崩溃的边缘。而与此同时，新的希望的曙光正在微微展露。"弗罗伊登博格认为，要想培养农业同自然系统之间的共生或互补关系，就必须培养乡村社区，乡村社区必须经过一次复兴。因此，在弗罗伊登博格的生态视角下的后现代农业，意味着农业在价值基础上将实现一种转变：首要目标将不是生产财富，而是更关心那种对负责任的社会承担责任的自由的价值观，关心工作和生活的意义，关心所有生命的神圣性和后代人的福利，以及他们的生存模式的神圣性。

后现代化在中国被称为"第二次现代化"，后现代农业在中国以"第二次农业现代化"出现。根据第二次现代化理论，结合我国经济发展水平、农业生产状况，我国学者提出第二次农业现代化。张冬平和黄祖辉（2002）认为，农业现代化可以分为两个层次，第一个层次的农业现代化是为了提高农业的土地生产率和劳动生产率，满足人们对农产品数量需求不断增长的需要；第二个层次的农业现代化是为了提高农业生产效益，维持农业持续高速发展，满足人民对产品质量和种类的需要。在我国，第一个层次的农业现代化，是农业从自然生产向半商品生产的转变过程，是从自然经济走向物质经济的过程；第二个层次的农业现代化，是半商品生产走向商品生产的过程，是从物质经济走向知识经济的过程。第一个层次的农业现代化追求农业科技的主要特征是农业机械化、农业电气化、农业化学化和农业水利化，这一过程称为第一次农业现代化；第二个层次的农业现代化追求农业科技的主要特征是农业标准化、农业信息化、农业生物化、农业设施化和与之配套的管理现代化等，这一过程称为第二次农业现代化。

关于第二次农业现代化的特点，黄祖辉和邓启明（2008）从农业发展阶段归纳，认为农业发展可以分为三个阶段：传统农业、常规现代农业和现代持续农业；从传统农业向常规现代农业的转变是第一次农业现代化，主要特点包括机械化、化学化、电气化、水利化、商品化和社会化等；从常规现代农业向现代持续农业的转变是第二次农业现代化，主要特点包括标准化、信息化、知识化、专业化、生物化和设施化、管理现代化及经济、社会与生态效益的协调发展。王治河（2010）立足于后现代思维，认为后现代农业就是一种可持续的"健康农业"，主要有七个方面特征：后现代农业是生态的、后现代农业是可持续的、后现代农业是再生的、后现代农业是和谐的、后现代农业是多元的、后现代农业以"共同福祉"为旨、后现代农业以"小"为美。

何传启（2012）认为，农业现代化是农业系统的现代化，包括从传统农业（自给型农业）向初级现代农业（市场化农业）、从初级现代农业向高级现代农业（知识型农业）的两次转变、农业效率和农民收入的持续提高、农民福利和生活质量的持续改善、保持农产品供需平衡和国家粮食安全、国家农业地位和国际农业体系的变化等；在18~21世纪，农业现代化的前沿过程可以分为第一次和第二次农业现代化，两次农业现代化的协调发展是综合农业现代化，综合农业现代化主要适合于发展中国家。

也有学者们把这种具有广泛特点与丰富内涵的农业现代化称为广义农业现代化。不仅包括农业的现代化，也包含农村、农民的现代化。赵景阳（2007）认为农业现代化有广义和狭义之分，狭义的农业现代化就是指农业这个产业的现代化，广义的农业现代化则包括农业、农村、农民的现代化，中国人多地少、农业人口规模大、素质低的国情决定了中国的农业现代化必须走广义农业现代化的道路。在广义农业现代化概念下，农村现代化的内涵主要包括：农村治理科学化、农村工业化、乡村城镇化、基础设施完善化、农民居住条件和生态环境优良化、教育文化活动丰富化、社会福利事业全面化等。农民现代化主要表现在农民素质的提高和农民的非农化，其最重要的特征是农民物质生活和精神生活的大幅度提高。要实现农民的现代化就要促进农民的生产方式、生活方式、思维方式和价值观念的现代化。

党的十九大报告中指出："要坚持农业农村优先发展，按照产业兴旺、生态宜居、乡风文明、治理有效、生活富裕的总要求，建立健全城乡融合发展体制机制和政策体系，加快推进农业农村现代化。"第二次农业现代化是农业现代性、特色性、多样性的形成，包括农业效率和农民收入的提高、农业供给和需求的动态平衡、农民福利与农业环境的改善、农业科技和农业制度的发展、农业比例下降，以及国家农业水平、国际农业地位和国际农业体系的变化等。新时代的农业农村现代化，是将农业和农村发展融合起来，是农业现代化和新农村建设及农村改革发展等的统称，是对"三农"工作提出了更高层级的发展目标和要求，是为我国加快农业转型、早日实现第二次农业现代化及全面现代化的战略要求。

2.1.5　农业高质量发展有关理论

1. 农业供给侧结构性改革

农业供给侧结构性改革是从农业供给侧着手，为解决我国当前阶段农业供需关系矛盾、实现供需结构平衡而提出。当前国内农业发展面临最为突出的问题是现有农产品供给结构与逐渐升级的市场需求结构不平衡的问题。2015年12月召开的中央农村工作会议强调，要着力加强农业供给侧结构性改革，提高农业供给体系质量和效率，使农产品供给数量充足、品种和质量契合消费者需要，真正形成结构合理、保障有力的农产品有效供给。"农业供给侧结构性改革"这一新表述，通过中国最高级别的"三农"会议，首度进入公众视野。

我国农业供给侧结构性改革的核心目标是提高农业全要素生产率（TFP）及其对农业发展的贡献度。根据新增长理论，特定国家或部门的经济增长取决于要素供给和要素组合效率两类因素。作为要素组合效率的测度方式，TFP主要衡量剔除劳动、资本等要素投入之后，由产品、技术、组织和制度创新等因素推动的经济增长程度。现阶段，我国农业资源禀赋条件发生巨大变化。在劳动和土地等要素供给约束趋紧和要素边际报酬递减的条件下，通过提高TFP实现对劳动、土地等要素的部分替代，是我国推动农业高质量、可持续发展的必然选择。农业 TFP 的高低取决于农业产出和投入之间的对比关系。其中，农业产出是指农业经营者完成市场销售之后形成的产品价值。由于 TFP 的提高需要契合市场需求，农业经营者只有准确预判和细分需求，并围绕需求结构有针对性地供给产品才可能提高TFP，TFP 的提高实质反映了产品供给与需求结构之间匹配程度的提高以及要素资源利用的最大化。因此，提高 TFP 及其对农业发展的贡献度成为农业供给侧结构性改革的主要指向。

农业供给侧结构性改革本质上是对农业经济制度的改革和完善，目的是最大限度解放和发展农业生产力。农业供给侧结构性改革以提高农业供给能力、供给水平、供给质量为主攻方向，努力实现农业增效、农民增收、农村增绿。农业供给侧结构性改革是"三农"领域的一场深刻变革，是提高农业质量效益的治本之策。这意味着农业供给侧结构性改革将使我国农业实现从量到质的全面提升，推动"三农"领域发生根本性变化。

2. 农业高质量发展

2017 年 12 月，习近平总书记在中央农村工作会议上提出今后一段时期农业农村经济工作总体思路，确定 2018 年为"农业质量年"，将高质量发展的要求融入农业领域的发展之中。2019 年 2 月，多部门联合发布《国家质量兴农战略规划（2018—2022 年）》，将农业高质量发展确定为当前农业领域的发展主线，其内容涉及农业发展的诸多领域，重点指出坚持以目标为导向，以农业的绿色化、优质化、特色化和品牌化作为核心，实现在当前农业基础上五年内初步建立起农业高质量发展体系的阶段性目标。农业经济作为农业部门经济活动和经济关系的总和，农业经济高质量发展是当前农业高质量发展的重要组成。面对当下农业供给服务体系与城乡居民日益升级的消费需求结构不相适应的矛盾，以及农业经济发展的关键领域和薄弱环节，农业经济高质量发展对提高农产品质量安全、提高农业产业效益、提升农业生产效率、改善农业部门生产经营者素质、提高农产品贸易流通水平等方面提出要求，强调在农业标准化和绿色化生产、农业产业链深度融合、现代农业基础设施建设、高素质农业人才队伍建设、农业科技创新和推广、农产品生产和流通过程中品牌化建设等领域做好政策扶持和资源投入工作，推动真正实现农业高质量发展。积极推进农业经济高质量发展对带动农民致富、提升农业生产效率和质量、推动农业可持续发展，从而促进我国农业由大到强转变具有重大的战略意义。

（1）问题导向：坚持矛盾思维引领农业高质量发展。

问题是发展的动力和前进方向，这是矛盾分析法的具体体现，事物矛盾各方面的相互依赖和相互斗争，推动着事物的运动、变化和发展，问题因发展而产生，问题也必然由发展而解决。其中主要矛盾对事物的发展起着决定性作用，人民对美好生活的希冀范围更广、品质更好、标准更高，这些需要得不到满足，绝不只是生产力一方面的落后所致，而是生产关系甚至是上层建筑的不平衡不充分。解决这一主要矛盾是我国当前的主要任务，习近平总书记强调"这就要求我们必须把发展质量问题摆在更为突出的位置，着力提升发展质量和效益"（人民日报，2020a）。毫无疑问，只有实事求是、抓住质量问题，才能真正回应新时代对农业高质量发展的呼唤，从根本上把握历史发展的内在规律和前进方向。

矛盾在不同方面有不同的性质，决定了新时代的发展质量问题呈现非单一性和动态性。农业高质量发展的质量问题表现之一是供需结构错配：第一，农业的主要矛盾由总量不足转变为结构性矛盾、矛盾的主要方面在供给侧（新华社，2017），初级农产品供给品质不足以保障城乡居民多样化、特色化需求，由此所产生的总量积存、"劣币驱逐良币"等问题是供需错配的外在表现；第二，面对国际局势动荡要稳住农业，保障粮食和优质农产品的供给安全（新华网，2020），国际局势的不稳定性凸显出我国粮食进出口的弊端，叠加城镇化推进所导致的乡村资源要素流出，非农化、非粮化等问题导致内在供给逐渐式微。问题表现之二是城乡发展的不平衡不充分：一方面体现在地区经济、产业结构和收入层次等不平衡问题；另一方面表现在利益联结、要素流动和品质标准等不充分问题。

可见，农业高质量发展以解决供需结构错配和不平衡不充分发展质量问题为导向，矛盾的特殊性决定了发展质量问题随时代发展不断变化，并引领农业高质量发展不断向供需结构平衡和城乡融合发展迈进。

（2）现实内涵：坚持辩证思维理解农业高质量发展。

习近平总书记指出高质量发展就是从"有没有"转向"好不好"（郭斐然，2019），必须以新发展理念武装思想，以深化供给侧结构性改革为主线，推动质量变革、效率变革、动力变革，使发展成果更好惠及全体人民，不断实现人民对美好生活的向往。

一是农业高质量发展以新发展理念为指导。实践决定认识，当前农业农村发展凸显出来的不再是总量性问题，而是要素配置和环境承载等结构性问题，因此必须以新发展理念指导实践活动实现转型。实践是认识的目的和归宿，新发展理念最终落实到农业生产经营的各项工作之中，创新是解决发展动力问题，农业高质量发展的关键是转变资源消耗的增长模式，而这离不开新型要素和理念的创新，通过升级机械装备技术、搭载信息物流网络，实现对传统产业的变革和新兴产业的培育；协调是解决发展不平衡问题，城乡多维差距和农业单向输出导致的工农城乡的不平衡是农业高质量发展难题，而推进城乡融合发展有助于城乡要素双向流动；绿色是解决人与自然和谐问题，处理好农业经济增长和生态环境的关系始终是推进农业高质量发展的关键；开放是解决发展内外联动问题，在处理好国内生产环节和需求方面的矛盾时，把控好与国际市场的关系，攻克关键技术难题以改善重要农产品的进口依赖；共享是解决社会公平正义问题，实现共同富裕是农业高质量发展的最终目的，推动农业生产方式、产业结构和经营模式创新以拓宽农民增收渠道。

二是农业高质量发展以供给侧结构性改革为抓手。我国在发展社会生产力的同时，也要完善生产关系（人民日报，2020b），所以说供给侧结构性改革是在生产力与生产关系的辩证统一中解放和发展社会生产力，尤其要通过发展生产力来实现农业高质量发展。在生产力方面，乡村地区长期存在的劳动力成本上升和数量流失、生态环境承载力破坏严重等问题，原有的生产函数组合方式已经难以为继；科技进步使劳动力、劳动工具和生产管理发生深刻改变，农民的生产方式不断实现智能化、机械化，技术进步带来的生产力构成要素变化，决定生产关系必须与生产力发展相适配，推动农业从追求产量增长的消耗型增长转变为注重质量效益的内涵式增长；在生产关系方面，调整农业在生产、分配、交换和消费等环节的地位，逐渐增强农业在各个环节的话语权，通过体制改革释放农业增长活力，盘活农村闲置资源，实现农民个体的自我完善和发展。因此，从供给端来看，农业高质量发展是以激发生产力和生产关系的增长活力为目的，优化要素素质和放宽体制约束。

三是农业高质量发展是螺旋式上升的动态发展过程。加快新旧动能转换，推动经济发展实现量的合理增长和质的稳步提升（央视评论员，2020），从一定意义上说，高质量发展符合唯物辩证法的事物运动基本规律，综合表现为数量与质量的统一。由高速增长向高质量发展阶段转变，其哲学原理为量变达到一定程度时，由于事物内部的主要矛盾运动形式发生变化，此时单纯的量的扩充已经不能促进事物发展，必须作出质的改变。习近平总书记指出质量领域的变革有助于生产技术进步和人民生活品质提升（新华社，2021）。因此，质量改变不仅要符合产品品质要求，更应该满足人民生产生活的需要，即质量存在两重属性：一方面关注产品的客观物质性能，要求生产的产品能够达到有用性标准；另一方面注重产品的社会需要满足，以人民生活所需为生产目的（金碚，2018）。而量的积累为质的跳跃提供必要准备，质的改变又为新的量变开辟道路，农业高质量发展将在量的稳定保障和质的有效提升中，表现出一种螺旋式上升的动态发展过程。

（3）基本原则：坚持底线思维确保农业高质量发展。

底线思维一方面表现在价值判断上，每一项实践活动都以实现人的价值为目的，人民群众是历史的创造者，以人民为中心是各项经济活动的底线原则；另一方面表现在事物始终处在普遍联系之中，必须在尊重事物发展规律的基础上运用规律统筹全局。因此，坚持底线思维，农业高质量发展存在两个底线原则。底线原则之一是依靠和发展人民，坚持发展为了人民、发展依靠人民、发展成果由人民共享（是说新语，2021），这是农业高质量发展的根本遵循，一是保障农民收入持续性增长，最终实现农民生活富裕富足，满足人民美好生活向往；二是增强农民自身的创造力，为生产发展创造所需。底线任务之二是统筹发展与安全，底线思维和忧患意识是内在统一，如何应对挑战和化解风险是农业高质量发展的应有之义。一是由于农业生产面临自然灾害的不确定性，必须优化农业基础生产条件稳定农业综合生产力；二是安全是发展的前提，"要为自然守住安全边界和底线，形成人与自然和谐共生的格局"（习近平，2020），生态安全是开展农业生产经营活动的前提之一，在推动农业规模生产和技术创新的过程中，要牢固树立生态环境与生产率的辩证关系，理解发展与安全的辩证关系。因此，农业高质量发展以坚守底线思维为原则。

（4）实现路径：坚持系统思维推进农业高质量发展。

第一，农业高质量发展是产业体系、生产体系和经营体系的有机统一。习近平总书记将新时期农业发展的整体框架归纳为，"加快构建现代农业产业体系、生产体系、经营体系，推进农业由增产导向转向提质导向，提高农业创新力、竞争力、全要素生产率"（央广网，2020）。其中现代农业产业体系、生产体系和经营体系，三者是生产力和生产关系的有机统一。产业体系表现出融合化、高级化等特征，通过横向拓展农业多功能性，纵向延伸农业价值链，优化调整农业结构，实现农村一二三产业融合，促进农民增收；生产体系是物质装备和重要农产品有效供给的有机结合，是粮食安全和现代高效农业的统一体现，把充分保证初级农产品的稳定供给放在更为重要的位置（央视网，2022）；经营体系是经营主体和组织模式的有机结合，发挥好家庭农场和农民专业合作社的支撑作用（习近平，2019），扶持多元规模经营主体和服务主体，因地制宜开展适度规模经营，优化农业生产经营的配套服务。因此，农业高质量发展是生产体系和经营体系的生产力变革，最终推动产业体系的生产关系调整。

第二，农业高质量发展是质量变革、效率变革和动力变革的整体推进。

推动农业高质量发展，质量变革是主体，效率变革是主线，动力变革是基础（刘世锦，2017）。从生产函数出发，把农业高质量发展视为总产出，发展初期经济增长方式长期依靠资源消耗和要素投入，受资源环境约束，必须由高速增长转变为高质量发展，而转变路径有三条：一是提升资本、劳动力、资源等要素的投入质量，为农业高质量发展提供优质增长条件和环境并涵养生态基底，即推动质量变革，表现为生产、生活和生态的协调发展；二是优化要素配置和组织方式、培育新型要素，提升传统要素和新型要素的融合、替代效率，即推动效率变革，表现为生产供给高效、经营管理有效和产业协同见效；三是推动技术进步和管理创新，转变农业对劳动力和土地等资源性要素的依赖，发挥新兴技术的渗透与协同作用，即推动动力变革，优化要素配置方式和结构。通过农业高质量发展的相关论述可以发现，推动质量变革、效率变革、动力变革是农业高质量发展的本质要求和推进路径，三者是互相促进、有机耦合的过程，并统一于农业综合产出的更高质量、更高层次、更高水平。

从质量变革看，生产、生活、生态协调发展是质量变革的内在要求和必然选择。生产质量综合体现为农产品的绿色化、品质化，为农业高质量发展提供优质生产经营条件，保障农产品质量安全是提升生产质量的主要方法；生活质量综合体现为农业生产经营者的物质生活和精神生活的统一与提升，为农业高质量发展提供消费环境和需求拉动力，以人民生活质量提升为最终目的；生态质量综合体现为经济效益和生态效益的统一，为农业高质量发展提供绿色生态基底，降低农业面源污染和碳排放是改善生态质量的基础要义。

从效率变革看，产业体系、生产体系、经营体系是效率变革的主要方面。产业效率是基于要素配置方式变革的产业融合或延伸程度，是提升农业质量效益和竞争力的基本骨架，具体表现为农村一二三产业融合和新兴产业培育；生产效率反映的是要素集约效率和产出效率，是助推农业高质量发展的动力支撑，具体表现为土地集约化和产出高效化；经营效率反映的是要素组合和配置效率提升，是实现农业高质量发展的组织和主体保障，具体表现为新型农业经营主体的协同组织和带农增收效益。效率变革最终表现为农业的产业化、社会化和服务化。

从动力变革看，技术支撑、创新驱动、结构优化是动力变革的重要动力和作用目标。技术支撑动力指的是利用先进的农田水利、耕种收机械技术装备农业，以物质装备和金融手段支撑农业现代化发展，具体表现为农业基础设施强化和金融支持有效；创新发展动力指的是依靠先进的科学技术、管理理念改进农业，以关键核心技术攻关破解农业高质量发展难题，具体表现为提高农业全要素生产率和科技贡献能力；结构优化动力指的是发挥农业供给侧结构性改革的政策红利，从供给端满足社会需求变化，具体表现为粮经饲结构调整和城乡多样需求满足。

坚持底线思维，统筹发展与安全是农业高质量发展的基本要求，保障粮食安全和推进共同富裕是农业农村现代化必须完成的底线任务（叶兴庆等，2021；姜长云等，2021）。为此，农业高质量发展必须在保障底线要求的基础上，实现现代农业系统的多方面变革。

2.1.6 产业融合理论

产业融合是指不同产业或同一产业内的不同行业相互渗透、相互交叉，最终融为一体，逐步形成新产业的动态发展过程。随着信息产业不断向其他产业融合发展的过程中，众多高新技术也不断向农业领域渗透，出现了农业与生物产业、农业与信息产业及农业内部子产业之间界限日趋模糊、融合发展的新形态。基于农业与其他产业快速融合发展的实践，日本学者今村奈良臣提出了"第六产业"的概念，其基本含义是农业生产向第二、第三产业延伸，通过农业中一二三产业的相互延伸与融合，形成集生产、加工、销售、服务一体化的完整产业链条。中国学术界也曾经提出了"农业产业融合"的概念，它界定了两个方面的内容：一是农业与其他产业在相关交集的地方产生了融合；二是同一农业产业内部的不同行业之间通过重组结为一体。

产业融合是指在时间上先后产生、结构上处于不同层次的农业、工业、服务业、信息业、知识业在同一个产业、产业链、产业网中相互渗透、相互包含、融合发展的产业形态与经济增长方式，是用无形渗透有形、高端统御低端、先进提升落后、纵向带动横向，使低端产业成为高端产业的组成部分、实现产业升级的知识运营增长方式、发展模式与企业经营模式。理论分析表明，产业融合是在经济全球化、高新技术迅速发展的大背景下，产业提高生产率和竞争力的一种发展模式和产业组织形式。它所产生的效应是多方面的，主要有：（1）有助于促进传统产业创新，进而推进产业结构优化与产业发展。由于产业融合容易发生在高技术产业与其他产业之间，产业融合过程中产生的新技术、新产品、新服务在客观上提高了消费者的需求层次，取代了某些传统的技术、产品或服务，造成这些产业市场需求逐渐萎缩，在整个产业结构中的地位和作用不断下降；同时产业融合催生出的新技术融合更多的传统产业部门，改变着传统产业的生产与服务方式，促使其产品与服务结构的升级。促使市场结构在企业竞争合作关系的变动中不断趋于合理化。当前的市场结构理论认为，如果有限的市场容量和各企业追求规模经济的动向结合在一起，就会造成生产的集中和企业数目的减少。而在产业融合以后，市场结构会发生更复杂的变化。产业融合能够通过建立与实现产业、企业组织之间新的联系而改变竞争范围，促进更大范围的竞争。产业融合使市场从垄断竞争向完全竞争转变，经济效率大幅度提高。（2）有助于产业竞争力的提高。产业融合与产业竞争力的发展过程具有内在的动态一致性。技术融合提供了产业融合的可能性，企业把融合过程融入各个运作层面，从而把产业融合的可能性转化为现实。不同产业内企业间的横向一体化加速了产业融合进程，提高了企业竞争力、产业竞争力。同时，产业融合对企业一体化战略也提出了新的挑战。产业融合中企业竞争合作关系发生变革，融合产业内的企业数量不断增加，企业间的竞争加剧，企业创新与灵活性被提升到新的战略高度。在这场技术革命与产业变革中，创新能力弱、灵活性差的企业会以更快的速度被淘汰出局。（3）有助于推动区域经济一体化。产业融合能够提高区域之间的贸易效应和竞争效应，加速区域之间资源的流动与重组。产业融合将打破传统企业之间和行业之间的界限，特别是地区之间的界限，利用信息技术平台实现业务重组，产生贸易效应和竞争效应。产业融合将促进企业网络的发展，提高区域之间的联系水平。产业融合带来企业网络组织的发展将成为区域联系的主体，有助于打破区域之间的壁垒，增强区域之间的联系。产业融合扩大了区域中心的扩散效应，有助于改善区域的空间二元结构。

2.1.7　网络经济理论

网络经济是一种建立在计算机网络（特别是因特网）基础之上，以现代信息技术为核心的新的经济形态。它不仅是指以计算机为核心的信息技术产业的兴起和快速增长，也包括以现代计算机技术为基础的整个高新技术产业的崛起和迅猛发展，更包括由于高新技术的推广和运用所引起的传统产业、传统经济部门的深刻的革命性变化和飞跃性发展。这些新型经济形态的产生和发展，不仅对社会经济活动产生深远影响，对传统经济理论研究提出了挑战。

网络经济有两个基本要素：经济行为主体的"集"和经济链的"集"。网络经济与其说是由经济行为主体构成的，不如说是由经济行为主体之间的特殊经济联系组成的。经济行为主体以及他们之间的联系链可以是同质的，也可以是异质的。换言之，经济行为主体以及他们之间的联系链可以是同行业的，也可以是不同行业的。对网络经济可以从狭义和广义两个方面来理解。狭义而言，网络经济主要是指以信息和计算机网络为核心的信息和通信技术的产业群体；广义而言，网络经济主要是指电信、电力、能源、交通运输等网状运行行业构成的产业群体。网络经济学者认为，网络经济已经成为规模经济或范围经济，其经济运作往往涉及一个国家的范围，甚至跨越国界，把几个国家或一个巨大的区域联结在一起。

网络经济对社会经济个体中的个人、企业、行业部门产生的影响主要体现在以下几个方面：一是网络经济带来了个人消费结构和职业选择偏好的改变；二是网络经济对企业主体的生产经营、交易分配、组织管理等活动形成了最直接的冲击影响；网络经济带来了金融、财政和贸易等传统行业部门的基本业务功能优化升级。随着互联网技术创新步伐的加快，互联网对不同经济活动个体的直接或间接影响将为全面推动社会经济发展提供源动力。

网络经济对传统经济理论研究基础形成冲击的原因在于网络经济有其独有的运行规律和特征。一是基于构建平行于现实世界的信息网络空间，网络经济活动突破了时空物理范围的限制，能最大限度地激发经济主体的生产和交易活力。二是与传统经济理论存在边际报酬递减规律相比，可累积使用的信息资源要素的网络经济则表现出明显的边际报酬递增的趋势。三是以互联网为基础运行的网络经济具有显著的网络效应，使用互联网人数越多，网络经济产生的经济效应将会越大。在很大程度上，网络经济并非与传统实体产业分割开，"互联网＋"与实体产业部门的深度融合将是现代经济不断发展的必然趋势。

互联网农业是指将互联网技术与农业生产、加工、销售等产业链环节结合，实现农业发展科技化、智能化、信息化的农业发展方式。

互联网与农业的深度跨界融合，是现代信息技术与农业发展全面融合的过程，农业与互联网结合，可以降低信息不对称的影响，减少交易成本，农民不仅可以实现农产品服务的互联网展示与销售，而且可以通过互联网采购农资产品，提高生产效率。伴随信息技术的迅猛发展，信息已成为与资本、土地和劳动力同等重要甚至更为重要的生产要素，进而形成信息生产力。互联网与农业的深度跨界融合，是信息生产力直接作用于农业产业链全过程的产物，通过对传统农业生产与流通的优化重构不断释放出信息经济下农业产业转型升级的巨大能量。用信息化武装我国传统农业并使之产业化是提高我国农业效率的重要途径，也是实现我国农业跨越式发展的保障。我国作为一个农业大国，农业信息化起步较晚，整体水平与发达国家存在较大差距。这就迫切需要抓住这次信息化的历史性机遇，以信息化为引领和平台，不失时机地推动农业的信息化和高新技术化，真正做到将"三农"工作落到实处并推向深入。

2.2 理论分析

2.2.1 概念界定

1. 农业高质量发展内涵

从宏观和微观视角对农业高质量发展作出基本定义。宏观层面，农业高质量发展是基于时代主要矛盾的动态发展过程，一方面以人民日益增长的美好生活需求为拉动力；另一方面以新旧动能转化为内驱力。这决定了农业高质量发展具有双重属性，即满足人民需求的社会属性和提高产品性能的自然属性（金碚，2018）。微观层面，农业高质量发展是现代农业产业体系、生产体系和经营体系的系统改善，即不断从资源消耗型向提质增效型的转变过程；微观层面，农业高质量发展是农户农业全要素生产率的稳定提升，体现科学技术升级和政策体制改革带来的综合要素生产率提升，具体表现为农户农业产出投入比的关系。因此，农业高质量发展不仅是基于社会主要矛盾变化的内涵式发展，更是以提升农户农业全要素生产率为微观目标的指向性发展。

2. 协同效应、渗透效应与替代效应

（1）协同效应。协同是各个独立的系统或独立的主体由某种机制有机结合，形成了合作群体，进行资源共享和协调运作，该合作群体的业务效果并不只是各个独立系统或主体效果的简单汇总，而是产生了不同于原来的质变，表现出更好的业务效果。当系统呈现稳定协同的有序状态，协同效应产生的结果即是整体效应。胡大立（2006）将产业集聚作为产业协同效应产生的前提，集群内的企业通过生产过程中各个环节的相互配合、相

互协作，实现了集群中的企业比集群外独自运作的企业能获得更高的盈利，也就是说集群形成了竞争优势，产生了"1 + 1 > 2"的协同效益，所以说在集群内的产业会产生协同效应。徐力行和高伟凯（2007）认为，产业协同关系指的是服务业与工业之间的关系，二三产业通过产品或服务的投入产出关系来维持生产链上下游间产业的纵向关联，而非横向关联。但横向关联也会发生，在产业分类较模糊时，处在同一大类的产业细分出来的行业间可能会因为划分边界的模糊出现横向关联。

（2）渗透效应。渗透效应又称涓滴效应，是指在经济发展过程中并不给予贫困阶层、弱势群体或贫困地区特别的优待，而是由优先发展起来的群体或地区通过消费、就业等方面惠及贫困阶层或地区，带动其发展和富裕，或认为政府财政津贴可经过大企业再陆续流入小企业和消费者之手，从而更好地促进经济增长的理论。

（3）替代效应。微观经济学认为，当商品价格发生变化时会对消费者产生两种不同的影响：一是因消费者实际收入变化而导致对商品的需求量发生变化，即收入效应；二是使该商品对其他商品的相对价格发生变化，因相对价格变化引起的该种商品需求量的变化，即替代效应。两者加起来就是商品价格变化所引起的该商品需求量变动的总效应。

2.2.2 农村互联网普及对农业高质量发展的作用机理分析

从本质上看，互联网信息技术作为一种数据要素，是经济增长的重要源泉，其所特有的外部性和非排他性特征，无疑在知识创造、信息传递和效率提升等方面具有显著的积极意义，对农业高质量发展的影响主要体现在替代效应、协同效应和渗透效应三个方面（蔡跃洲等，2015；蔡跃洲，2018）。尝试将互联网信息技术作为数字资本，加入拓展的生产函数中来解释替代效应、协同效应和渗透效应的存在。基本模型如下：

$$Y(t) = AK_t^{1-\alpha}(LX_t)^{\alpha} \tag{2.1}$$

高质量发展是经济增长后期的重要阶段，因此将 $Y(t)$ 视为农业产出质量与数量的统一（金碚，2018），即农业高质量发展，其中，K 和 L 表示资本和劳动，X 是外生的技术，以不变的速率扩张，A 代表其他未显示的进入生产函数的增长因素，即残差。

卢卡斯（Lucas）进一步将人力资本加入生产函数之中，主要包括劳动力数量和受教育水平：

$$Y(t) = BK_t^{1-\alpha}(LH_t)^{\alpha} \tag{2.2}$$

在遵循希克斯技术进步中性和规模报酬不变的假设下，当互联网信息技术作为资本存量进入经济运行时，学者普遍将资本划分为数字资本和非数字资本（蔡跃洲，2015），检验其对经济增长的替代效应（Pohjola，2001）。在曼昆等（Mankiw et al.，1992）基础上将生产函数调整为：

$$Y(t) = AK_D(t)^{\alpha_1}K_P(t)^{\alpha_2}H(t)^{\alpha_3}L(t)^{\alpha_4} \tag{2.3}$$

其中，K_D 表示互联网信息技术资本，K_P 表示物质资本，H 表示受教育水平，L 表示劳动力数量。假设该生产函数满足规模报酬不变和各项投入品的边际报酬递减，则 $\alpha_1 + \alpha_2 + \alpha_3 + \alpha_4 = 1$。

如图 2-1 所示，当互联网信息技术融入生产函数时，提高农业产出质量的主要路径包括：一是互联网信息技术直接影响农业产出质量，对部分要素形成替代，调整要素投入比重（α），促进农业高质量发展的动力变革；二是互联网信息技术协同其他要素，提升生产要素投入质量（K，H，L），促进农业高质量发展的质量变革；三是互联网信息技术渗透各个行业来提高全要素生产率（A），改进生产要素配置和组织方式 $[F(\cdot)]$，促进农业高质量发展的效率变革（国家发展改革委经济研究所课题组，2019）。

1. 农村互联网普及对农业高质量发展的替代效应

数字技术或信息通信技术作为资本要素的一方面，相比于其他物质资本具有明显的成本和价格优势，这决定了互联网信息载体的投资效益和扩张速度，伴随着信息资本的深化和广化，互联网技术的高便捷性、高运转性和大容量等特质逐步显现出来，传统资本、劳动力和土地等资源依赖性要素渐渐失去市场优势，互联网技术直接对综合产出发挥作用（Jorgenson

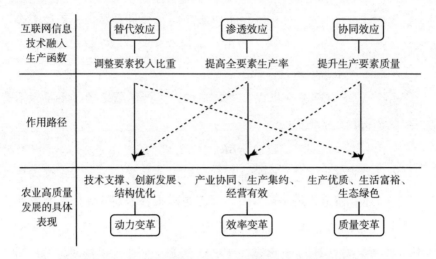

图 2 - 1　农村互联网普及对农业高质量发展的作用机理
注：作用路径中实线表示主要作用，虚线表示潜在作用。

et al.，1999；Jorgenson，2001），在部分领域形成互联网信息技术对传统生产要素的逐步改革或替代。此时，互联网信息技术并没有完全改变生产函数，而是微观主体采用更加智慧的方法生产产品和服务，减少资源依赖性要素投入转而以互联网信息技术进行替代，达到生产经营的范围经济、销售产品的规模经济以及利润最大化等目标，推动生产可能性边界向外移动，最终表现为传统生产要素贡献的减弱而互联网信息技术等新型要素贡献的增强，调整要素比重以改变资源配置（Brynjolfsson et al.，1996）。

互联网信息技术对农业高质量发展的替代效应表现在动力变革方面，一是通过网络设施和服务改进农业技术支撑能力，有效运用数据和信息进行环境监测及预警、网格化管理与预警，在精准作业和设施农业运营应用愈发成熟，加快农业生产向智能化的转变，基于大数据和云计算等现代信息技术的数字化应用新模式，有效增强农业生产积极性和提高生产效率。二是以科学技术和新兴产业创新变革增长动力，通过农业科技创新一方面催生了以知识、信息、数据等要素为核心的数字农业和订单农业模式；另一方面传统农业生产搭载新型生物技术、机械技术在一定程度上实现了提档升级，新产业、新模式应运而生。在新旧动能转换的情况下，激发农业增长活力并增加就业岗位。三是通过互联网信息技术对接需求信息变革供给结构，信息传输有效减小信息不对称导致的供需两端失衡，利用互联网通信技术将城乡多样消费需求直接传递给生产经营主体，有助于推进农业供给侧结构性改革。

2. 农村互联网普及对农业高质量发展的协同效应

伴随信息技术的不断普及与渗透，将数据视为新型生产要素加入增长模型之中（杨汝岱，2018），数据资源的共享和复制等特点，在与其他生产要素产生融合与协作的同时，能够突破传统要素增长有限的约束，推动资本深化和劳动创造能力发生新的飞跃（孙克，2017），提升要素衔接的契合度，降低信息不对称带来的市场失灵和摩擦成本（David et al.，1999；Bartel et al.，2007；Ketteni，2009）。例如，对企业而言，信息技术投资通过缩减设置时间、运行时间和检查时间，降低生产多种产品之间的转换成本，有效配置物质资本和人力资源来提高企业生产全过程的效率（Bartel et al.，2007）。因此，互联网信息技术的协同效应主要表现在提升资本和劳动的质量，增强传统要素的价值再创造能力以使经济总产出呈现指数式增长。

互联网信息技术对农业高质量发展的影响不仅体现在直接助推作用，更体现在对传统要素及产业数字化改造，两者的有机结合有助于农业生产、生活和生态质量的综合改善。一是互联网信息技术协同农业生产资料变革生产质量，大数据实时监测系统实现对天气、自然灾害的提前预测与汇报，提升农业的防灾减灾、抵御国际风险冲击能力，网络监察农业生产资料的品质信息，增强农产品的核心竞争力；二是互联网信息技术融入现代社会变革生活质量，大规模农村网民借助互联网沉浸在网络社交、购物和娱乐之中，逐渐跨出"面朝黄土，背朝天"的生活半径，使得农村居民的物质生活和精神生活均得以丰富，人力资本价值得到多维提升；三是互联网信息技术升级生产方式变革生态质量，搭载互联网的环境采集系统和精准施灌系统，大大减少农药、化肥等投入品，同时高效利用土地、水资源等不可再生资源，社会经济效益和生态效益得到相应提升。

3. 农村互联网普及对农业高质量发展的渗透效应

互联网信息技术渗透到各行各业，并对使用部门产生一定的互补作用，带动整个行业的全要素生产率提升，为经济增长创造新的增长领域（裴长洪等，2018；石良平等，2019）。农村互联网普及的渗透效应是指互联网信息技术作为一种资本服务，与现有技术或潜在新技术有较强的互补性，弥补传统要素的固定性和排他性，同时具备改进技术和要素的内在潜能和创新互补性的性质（Bresnahan et al.，1995；Bartel et al.，2007）。互联网信息技术的渗透作用将突破一般增长模型的规模报酬递减或不变性质，具有规模报酬递增的特性（Bresnahan et al.，1992），改变全要素生产率以优化或改变要素配置和组合方式，增加经济产出。

农业全要素生产率提升主要表现在产业体系、生产体系和经营体系的效率变革，互联网信息技术的使用广泛、激发创新等特点，通过技术扩散和溢出效应影响使用部门的使用效率。一是互联网赋能产业融合和关联，不仅能够拓展数字技术的应用领域，还有助于推动农村产业的创造性融合与连接，形成专业村镇、电商和休闲农业等内生增长模式，再造传统农耕生产方式和传统产业结构；二是互联网信息技术集约要素生产能力，借助互联网通信技术土地交易平台满足了农业经营主体的流转需求，降低其交易成本和信用风险，大大增强土地规模化经营效率，同时数字劳工监管、土壤墒情监测等信息技术，实现对劳动力道德风险、耕地质量下降问题的有效应对；三是互联网平台整合涉农服务、生产技术和市场信息等生产经营信息，借助农民专业合作社和益农信息社等组织，实现农业技术推广和惠农政策普及，构建"互联网 + 农技推广"信息化体系，培育新型职业农民。

2.2.3 农村互联网普及影响农业高质量发展的理论模型推导

1. 农村互联网普及对农业高质量发展的替代效应

对式（2.3）两边取自然对数：

$$\ln Y(t) = \ln A + \alpha_1 \ln K_D(t) + \alpha_2 \ln K_P(t) + \alpha_3 \ln H(t) + \alpha_4 \ln L(t)$$

$$(2.4)$$

进一步将其转化为有效劳动的农业产出:

$$\ln \frac{Y(t)}{L(t)} = \ln A + \alpha_1 \ln \frac{K_D(t)}{L(t)} + \alpha_2 \ln \frac{K_P(t)}{L(t)} + \alpha_3 \ln \frac{H(t)}{L(t)} \qquad (2.5)$$

式（2.5）表明在农业高质量发展达到稳定状态时，农业产出质量与数量取决于物质资本、人力资本和互联网信息技术资本的投资积累，以及其他包含技术创新的要素投入。因此当互联网信息技术作为资本存量进入生产函数时，可通过优化要素配置方式（即函数形式）和更新要素投入比例（即要素系数）作用于综合产出，即农村互联网普及直接影响农业高质量发展，存在替代效应（即 α_1）。

由此得出研究假设：

H2.1：农村互联网普及直接影响农业高质量发展水平，存在替代效应。

2. 农村互联网普及对农业高质量发展的协同效应

互联网信息技术作为一种可复制、渗透性强的虚拟技术，与其他生产要素融合与协同时，便具有规模报酬递增的性质。采用超越对数生产函数形式讨论农村互联网普及对农业高质量发展的协同效应。其表达式为：

$$\ln \frac{Y(t)}{L(t)} = \alpha_0 + \alpha_1 \ln \frac{K_D(t)}{L(t)} + \alpha_2 \ln \frac{K_P(t)}{L(t)} + \alpha_3 \ln \frac{H(t)}{L(t)}$$

$$+ \frac{1}{2} \ln \sum_{s=1}^{g} \beta_s [x(t)^s]^2 + \ln \sum_{s=1}^{g} \sum_{j=1}^{g} \beta_{sj} x(t)^s x(t)^j \qquad (2.6)$$

其中，$x(t)^s$ 表示第 s 要素投入，β_{sj} 表示要素间的交互作用，也即协同效应。该模型考虑到要素间的交互作用对经济产出的影响，更为精确地表明农业高质量发展除了受要素投入的直接影响外，还有要素间交互作用的间接影响。互联网信息技术可以协同其他要素对农业高质量发展具有递增效应，并受到物质资本、人力资本等其他要素的影响。由于互联网信息技术传输的载体就是基础设施和网络终端等物质资本，假设互联网信息技术与物质资本具有协同效应。但是无论互联网信息技术的开发还是应用，都对使用者的数字素养和知识水平有一定的要求，部分研究表明信息化能否提升农业生产率，有赖于农村人力资本的是否提高（朱秋博等，2019；李谷成等，2021），为此仅就农村互联网普及与受教育水平是否存在协同效应进行讨论。

由此得到研究假设：

H2.2：农村互联网普及与受教育水平对农业高质量发展的交互作用显著为正，存在协同效应。

H2.3：受教育水平越高，农村互联网普及对高质量发展水平的促进作用越强。

上述假设有助于检验农村互联网普及对农业高质量发展的协同效应。

3. 农村互联网普及对农业高质量发展的渗透效应

互联网信息技术的渗透效应主要体现在其本身具有的高运转、高容量和云计算等优势，有助于互联网信息使用部门的生产管理效率提升，当渗透各个行业之中，进而推动整个社会经济部门的全要素生产率提升。因此，式（2.3）转换得出农业全要素生产率 TFP 的表达式：

$$A = \frac{Y(t)}{K_D(t)^{\alpha_1} K_P(t)^{\alpha_2} H(t)^{\alpha_3} L(t)^{\alpha_4}} = TFP \tag{2.7}$$

借鉴朱秋博等（2019）的相关做法，设定互联网信息技术资本对物质资本、人力资本呈现指数式影响，表达式如下：

$$K_P = K\zeta(K_D) = K_P e^{\eta K_D} \tag{2.8}$$

$$H = H\tau(K_D) = He^{\mu K_D} \tag{2.9}$$

$$L = L\rho(K_D) = Le^{\gamma K_D} \tag{2.10}$$

当信息技术要素为 0 时，则有 $\zeta(0) = \tau(0) = \rho(0) = 1$。

将式（2.8）、式（2.9）和式（2.10）代入式（2.3）生产函数方程中，形式如下：

$$Y_\alpha = S(K_P e^{\eta K_D})^{\overline{\alpha_2}} (He^{\mu K_D})^{\overline{\alpha_3}} (Le^{\gamma K_D})^{\overline{\alpha_4}} K_D^{\overline{\alpha_1}} = Se^{\omega K_D} K_D^{\overline{\alpha_1}} K_P^{\overline{\alpha_2}} H^{\overline{\alpha_3}} L^{\overline{\alpha_4}}$$

$$\tag{2.11}$$

其中，$\omega = \overline{\alpha_2}\eta + \overline{\alpha_3}\mu + \overline{\alpha_4}\gamma$，为资本和劳动产出弹性的加权和，而$\overline{\alpha_1}$则表示农村互联网对农业高质量发展的影响系数。

根据式（2.7），进一步得到：

$$TFP = \frac{Y_\alpha(t)}{K_D^{\overline{\alpha_1}} K_P^{\overline{\alpha_2}} H^{\overline{\alpha_3}} L^{\overline{\alpha_4}}} = Se^{\omega K_D} \tag{2.12}$$

对式（2.12）量变取对数后得到：

$$\ln TFP = \ln S + \omega K_D \tag{2.13}$$

因此，可以根据式（2.13）对互联网信息技术资本与农业全要素生产率之间的关系进行检验，得出研究假设：

H2.4：农村互联网普及对农业全要素生产率提升有显著的正向作用，进而助推农业高质量发展，存在渗透效应。

国外互联网农业发展现状

在传统农业迈向现代农业的过程中，农业与互联网的深度融合是解决当前农业发展面临的"人口、资源、环境、市场"等多重约束问题，重塑农业发展格局和赋能农村发展的重要变革力量。为此，全球主要发达国家均十分重视互联网技术手段在农业各环的运用，欧美信息化技术成熟较早，19 世纪末互联网覆盖率就接近 40%。美国国家科学基金委员会（NSF）早在 2005年就投资超过 3 亿美元，联合百余家单位共同建设全球网络创新环境，为网络和分布式系统的研究与教育提供了虚拟实验室条件，促进全球未来互联网的应用创新。日本于 2011 年在日本千兆网络（Japan Gigabit Network，JGN）基础上推出了大规模分布式实验平台 JGN-X，基于开放流（Open Flow）技术部署了大规模基础设施探索试验网络"RISE"。欧盟于 2014 年正式启动为期 7 年的"地平线 2020"计划，其中作为该计划三大战略优先领域之一的产业领导力战略，旨在抓住信息通信技术（ICT）的发展机遇，助力网络科研成果创新和产业化，增强欧盟企业的全球竞争力。

3.1 美国：农业生产数据化

美国是农业大国，以 1% 的农业人口维持庞大的农业生产体系，不仅满足美国本土需要，而且还大量出口，出口农产品总量已经占美国农业总产值的20%。这与美国农业信息化水平世界领先是紧密相关的。美国作为农业强国，其科学技术一直处于较高水平，互联网信息技术飞速发展，互联网农业的发展已经进入高层次，政府投入了大量的资本，且呈成倍增长的态势。美国农业的高效高质发展，是大数据和物联网等新一代互联网技术在农业各个环节综合应用的结果，最终实现了农业生产的数据化和智能化，大大提升了农业生产的产能和效率。

美国是对农业数据收集比较齐全的国家，也是较早进行农业数据开放的国家。自20世纪90年代起，美国已开始应用数字农业技术。在美国，通过云计算、大数据、信息技术、通信技术等应用于农业生产中，如通过安装在农田里的传感器来收集相关数据，其中包括土壤酸碱度、空气湿度、光照及温度等，也可通过卫星和无人机来拍摄农田的照片。通过这些数据和图像可以为农民的种植提供帮助，实现精准农业生产。精准农业在美国相当普及，互联网正在从生产、经营、流通和服务等方面推进传统农业的网络化和科技化。通过对大数据的搜集和分析发展精准农业。在精准农业中，控制中心实时收集并处理数据，通过农田里广泛安置的传感器来收集相关数据。美国69.6%的农场采用传感器采集数据，进行与农业有关的经营活动，农业机器人应用到播种、喷药、收割等农业生产中；在农场经营管理方面，利用互联网、移动互联网，农户实时了解农场的土壤结构、生长进度、灌溉施肥、农作日志、病虫害情况、环境气象信息（包括降水量、日照气温记录和热量积累等），以及农场的投入产出预算，并且可以预测收成、盈利预估和库存管理，大大提高了农场的科学化管理水平。美国在对精准农业技术的应用和分析过程中发现，应用增速最快的是无人机植保技术，智能农机装备市场也初具规模，表明美国在农机智能装备领域已经走在世界前列。

目前，有关农业数据的采集、共享和利用正帮助美国政府对农业部门的发展制定各种政策，美国各大农场主协会以及涉农企业也不惜投入大量的时间、金钱搜集涉农大数据。农业生产的盈利性从根本上保证了农业的吸引力，目前，美国农民年收入基本都在 5 万 ~ 7 万美元，有些农民甚至达到 10 万 ~ 25 万美元，高于城市居民平均收入水平。

美国互联网络非常发达，农业部的网络覆盖率基本达到 100% ，能及时从中了解到农业生产的各个环节，掌握农业生产、经营、销售各个环节的情况，为农场主提供经营管理信息和生产技术支撑。同时，还从政府层面发布市场调控信号，科学布局管理，避免行情好的产品扎堆上市现象。

另外，美国通过州立农业院校和技能培训机构使农业生产者不断更新电子商务知识结构，对电子商务应用现状、创新模式、最新发展趋势形成深刻认识，引导传统农业生产者改变经营理念，适应新型商业模式，利用电子商务转型升级提升竞争力。由于发达国家农业生产者的技术水平和理论水平比较高，只需要简单的技术培训，农业生产者就可以掌握相关技能。在此基础上，发达国家职业技能培训机构更加重视农业电子商务实践的发展，不断指导农业生产者利用网络进行农业生产和销售，使其能适应互联网发展的趋势。

③.2 英国：启动"农业技术战略"

近年来，由于气候变化和全球农业生产竞争强度的提升，英国农业部门收入经历了多次明显波动。英国环境、食品和农村事务部认为，应对上述挑战，一方面，英国农业需要向"精准农业"迈进，结合数字技术、传感技术和空间地理技术，更为精准地进行种植和养殖作业；另一方面，需要提升农业生产部门和市场需求的对接，加强其对于市场的理解。而这一系列需求的基础就是强大的数据搜集和分析处理平台。

在此背景下，英国政府于 2013 年开始专门启动"农业技术战略"，该战略高度重视利用"大数据"和信息技术提升农业生产效率。英国环境食品和农村事务部、商业创新和技能部等政府部门与相关学术机构和农业生产、技术企业共同建立"英国农业技术领导委员会"，负责整体战略的实施。"农业技术战略"的核心是建立以"农业信息技术和可持续发展指标中心"为基础的一系列农业创新中心。为促进农业生产和市场化与大数据和信息技术的充分融合，该中心囊括了英国国内信息技术和农业技术的顶尖研究机构和企业。洛桑研究所作为该中心的所在地，将为英国农业信息技术提供建模和统计服务；雷丁大学将提供数据科学服务；全国农业植物学会和苏格兰农业学院则提供农业技术资料交流。英国政府为该中心确立了开放数据的政策。该中心的核心业务是搭建和完善数据科学和建模平台，以搜集和处理农业产业链条上的所有公开的和初级的行业数据。

3.3 日本：利用互联网技术实现智能农业

日本是科技大国，也一直致力于发展智能农业。发展更加低人工成本的农业科技是日本的国家战略。日本的农户人均耕地面积有限，没有美国那样的大规模农业，而随着日本社会老龄化不断加剧，农业人口正在不断减少，农业就业人口平均年龄已经达到约67岁。在这种情况下，利用互联网技术振兴农业的呼声越来越高涨。

为解决上述问题，日本正在利用新一代互联网技术实现种植、生产技术的数据化、知识化，可以将熟练农户积累的技术和知识数据化，有利于让下一代农户或农业企业继承。日本农林水产省把利用互联网和信息技术的农业称为"智能农业"，力争发展节省劳力的高质量农业，全面提高农业生产效率和农产品附加值。在耕作环节，无人驾驶拖拉机可以利用全球定位系统，在大规模农场进行24小时针对性耕作。在生产管理环节，可将高度传感器收集的气象数据和农作物生产数据，实时发给农户或者管理人员，使其能够合理浇灌和施肥。在销售环节，可通过互联网实时记录消费者对于农产品的消费情况，方便生产者在最短的时间内迎合市场调整种植计划，避免信息不对称而导致的滞销发生。在食品售后和溯源环节，利用智能手机将农场生产过程中的数据作为食品信息，直接提供给消费者参考，提升农场产品的质量可信度和可追溯能力，让消费者更为放心。

日本特别强调政府在培训农业生产者电子商务技能方面的作用。政府不仅提供互联网的技能培训，为提高网络使用率，日本政府还加大在硬件设施上的投入，以及对于农村网络基础设施的投资，并且对农业生产者购买计算机进行补助，此外，针对农业生产者，主要是中老年的特殊情况，组织力量研发适合中老年人的电脑视窗软件，开办各种培训班，提高农民素质。目前微型机器是日本重点研究方向，协助生产者进行采摘、收割等工作，甚至包括除草、包装都可使用这种微型机器人去完成。

3.4 荷兰：智慧农业

荷兰是一个人多地少、资源匮乏、地势低洼之国，但其农业发展不仅未受先天条件的限制，反而形成独具特色的高科技绿色现代农业，领先世界业水平。荷兰农业在世界上的影响力很大。2021年荷兰农产品出口额达1047亿欧元，位居世界第二，净出口全球第一。花卉生产居世界首位，占世界市场的43%。近年来，荷兰大力发展智慧农业，推动数字技术在种植、储存等环节实现广泛应用，显著提升了农业生产效率和竞争力。

荷兰很注重信息化操作和田间监测、大数据收集，利用大数据进行管理和防控、生产，推进"数字农业"的落地。通过大数据和云技术的应用，一块田地的天气、土壤、降水、温度、地理位置等数据上传到云端，在云平台上进行处理，然后将处理好的数据发送到智能化的大型农业机械上，指挥它们进行精细作业，实现增产增收。在数字农业推进中，荷兰在农业技术开发上投入了大量资金，并由大型企业牵头研发"数字农业"技术。

自然资源的"先天不足"倒逼荷兰注重技术创新，积极开发设施农业、循环农业、数字农业、生态农业，探索出了以专业化、集约化、高新技术与现代化管理为特点的荷兰农业模式。

荷兰政府和相关部门持续加大农业研发的投入力度，促进农业向数字农业、智慧农业方向发展。提高农民的科学文化水平，完善农业人才培养制度。荷兰高科技农业，不仅运用在温室技术、检测技术，还运用在田间防治管理大数据分析上，80%的农民已使用 GPS 系统。荷兰农业高科技和大数据的运用，需要高素质的农民加以学习和应用，因而荷兰非常重视对农民进行技术培训和教育，有着较为发达和完善的农业科技推广和教育体系，以提升农民文化素养、技术能力和管理能力。注重优化农业人才结构，培养农业创新人才，增强农业从业者的人力资本，提升产业竞争力。所以说，重视农民教育、完善农业人才培养也是荷兰农业高质量现代化发展取得成功的决定性因素。

3.5 法国：信息化农业

法国自然气候条件优越，适宜多种农作物生长。同时，其农业专业化与科技化程度处于世界领先地位。目前，法国是欧盟内部最大的农业生产国，也是世界第二大农业食品出口国。

经过多年的发展，法国农业信息数据库目前已十分完备，其国内的农业信息主要由各级农业部门负责收集、汇总与公布。从类别看，数据库涵盖了各个农业领域，包括种植、渔业、畜牧、农产品加工等。从近年来的发展趋势看，法国农业信息正着力打造一个"大农业"数据体系。包括高新技术研发、商业市场咨询、法律政策保障，以及互联网应用等均被纳入"大农业"数据体系内。在法国政府的力推之下，法国农民可以足不出户，便能在网上了解基础农业信息行情。同时，市场自发产生了不少农业专业协会，这些协会的网站也会提供付费的、更为详尽与专业的农业信息资讯。因此，法国农民可以在了解详尽的农业信息后，有针对性地及时调整农场产品的类别与产量，以达到效率最大化。

目前，法国的农业信息化体系呈现出"三位一体"的特点。政府、农业合作组织以及私人企业三方共同承担了农业信息建设的服务职能，这三方的分工各有侧重，农民可以根据自身实际需要，自行选择其中一方的信息技术支援。首先法国政府占据了公共农业服务的主导地位，包括定期公布农业生产信息，管控农业生产销售环节的正常秩序，根据国际大宗商品及主要农产品的价格变动为本国农民提供最新的生产建议等。法国农业部主要负责该领域的工作，但包括法国经济部、外交部等在内的其他部委同样会提供信息支撑。法国的农业合作组织形式多样，数目繁杂，但各组织均有清晰的自身职能定位。创立于1946年的全法农业工会联合会是法国最大的农业工会组织。其日常会向农民提供有关法律、农业科技、农场管理等多个领域的信息支持。近年来，服务于农业信息化的私人企业逐渐凸显出自身的重要性，私人企业更加"订制化"的服务模式让不少农民免除了生产的后顾之忧，进一步提高了农业生产效率。

经过多年的发展和经验的积累，法国已经建立了相对完善的农业信息数据库和科技研发体系。目前法国农业和食品部门正研究通过信息技术实现农产品从田间到餐桌的全程可追溯，推动法国农业朝着与数字技术深度融合的方向发展。

法国对农业科技研发尤为重视，并将数字科技作为重点发展领域，通过政策引导和资金支持等形式鼓励数字科技在农业领域的开发和使用，推动传统农业向智慧农业转型。法国总统马克龙在第五十八届法国国际农业博览会开幕式上表示，数字技术、机器人技术和遗传学是法国现代农业的支柱，希望将更多农场转变为科技初创企业，通过增强创新能力和竞争力，推动数字农业发展。

数字科技的加入正在使农业生产活动变得越来越智能化。法国在农业生产环节，主要是依托机器人和传感器两大智能设备，进行精准生产。这些新技术可以有效帮助降低农业生产活动的成本消耗和人力消耗，为农民进行风险管理，并且使农业生产更加绿色环保，最终使法国实现"节约型"的精准农业。在法国，传感器是数字农业的核心要素之一，传感器的应用为法国农业提供了大量极具价值的数据信息。这些传感器可以被安装到无人机上，安装到农业拖拉机上，或者直接植入田间，准确地监控作物生长状况，还可以对农场土地的水含量、氮含量、病虫害情况、杂草生长情况等进行检测，然后再通过相应应用软件将信息进行综合整理与分析，最终给农民以反馈。根据传感器提供的图像或数据信息，农业生产利益相关者便能根据农场的实际具体情况更好地对生产投入作出选择，以提高农业产量和农产品品质。

3.6　印度：电子农业

印度在 IT 优势产业发展的基础上，政府积极推动电子农业的发展，建立了若干专业性的农业信息数据库系统，利用互联网平台向农民提供多形式、全方位的信息服务，其农产品电子商务销售规模占全国电子商务交易总额的 60%，大大高于许多欧美发达国家。在农业生产中推广利用最新的信息通信技术来促进农业发展，破解农业现代化进程缓慢、农民收入增加困难的难题。一些印度农业专家甚至认为电子农业的发展将带来第二次"绿色革命"。印度政府已经采取了一系列的措施来推进电子农业的发展。这些措施包括建立印度农民呼叫中心、网上公共服务中心、网上农村知识中心、网上农产品市场信息中心、农产品网络交易平台等。

目前印度农产品网络交易平台已经覆盖印度 9 个邦的 36000 个村庄，有大约 350 万印度农民使用网络交易平台销售农产品。农业行情信息系统和价格预测系统成为印度农业领域广泛应用的信息化服务系统，通过经济学模型对农产品市场价格进行预测，降低因价格变动引起的风险。美国、英国、日本等发达国家由于网络基础设施完善，农产品流通在网络垂直应用和技术服务方面涌现出数字内容提供商、配菜上门、生鲜直供上门、网络预订、下一代 POS 系统、下一代采购平台等多种互联网化模式。

第4章

农村互联网普及助推农业
高质量发展现状

利用各级数据库对农村互联网普及助推农业高质量发展现状予以分析，对当前存在的优势及改善空间形成初步认识，进一步通过梳理中央政策文件，明晰农业高质量发展的阶段特征，总体对农村互联网普及与农业高质量发展的关系有宏观了解。

4.1 我国农业发展面临的挑战

我国是农产品生产大国，也是农产品消费大国。我国用世界上 7% 的耕地面积和 6% 的淡水资源养活了世界上 18.84% 的人口，总的农产品生产规模和消费规模位居世界前列。但我们也清醒地认识到在农业资源利用、农产品供给结构、农产品质量安全等方面，我国农业还存在一些显著的不均衡和突出的矛盾。

4.1.1 农业生产面临严峻的自然条件约束

农业资源偏紧和生态环境恶化的制约日益突出，多年来资源条件日趋紧张，虽然我国耕地总面积位居世界第三，但人均耕地面积仅为1.4亩，不足世界人均耕地面积的一半。《2019年全国耕地质量等级情况公报》显示，评价为一等至三等的耕地面积为6.32亿亩，占耕地总面积的31.24%；评价为四等至六等的耕地面积为9.47亿亩，占耕地总面积的46.81%；评价为七等至十等的耕地面积为4.44亿亩，占耕地总面积的21.95%；淡水总资源量位居世界第六，人均淡水资源占有量目前是世界平均水平的25%，而且在地域上水资源量分布严重不均衡。地球资源是有限的，生存空间是相对有限。据统计，2005年世界人口约64.6亿人，至2019年世界人口约75.8亿人。按人均0.5千克每天计算，2019年粮食需求增加了约20622.5万吨。人口增加，粮食需求增大。因此必然要采用集约化的发展思路，依靠科学技术，提高我国农业的现代化程度，在增加农产品产出的同时，高效利用土地和水资源。

4.1.2 农产品供给与消费者需求存在一定程度的结构性矛盾

食物消费结构升级和品质需求升级是推动我国农产品消费增长的主要动力之一，温饱问题解决后，社会公众对生态环境和农产品质量安全要求更高，迫切需要加快转变农业发展方式。经过多年发展，我国已从数量上解决了粮食短缺问题，但从结构上看，还存在农产品品种、质量不能满足市场需求的情况。由于受技术条件和管理水平的限制，我国市场上供应的大部分农产品属于一般品质的农产品，在高质量农产品供应方面存在较大增长空间。比如，优质粳米、小麦、大豆供应不足，需要从国外进口；农产品农药残留现象存在，不能满足居民对农产品品质在安全、绿色、营养、保健等方面的要求。

农产品供给与消费者需求之间存在的结构性矛盾反映出我国农业产业升级的必要性和紧迫性，也反映出我国农业产业升级具有广阔的发展空间。提高农产品质量、增加高质量农产品产量是农业产业升级的首要目的，而生产技术创新、农业技术进步是支撑农业产业升级的必要条件，因此，对于缓解当前我国农产品供给与消费者需求之间存在的结构性矛盾而言，加大农业科技投入、加快先进生产技术推广是有效途径、也是必然选择。

4.1.3　农业比较效益低与国内外农产品价格倒挂的矛盾日益突出，农产品国际竞争力不足

粮食生产成本快速上升、最低收购保护价逐年抬高、国际粮价下跌，导致国际国内粮价严重倒挂，进一步将农业比较效益低的矛盾充分暴露和激化，农民持续增收的难度不断增大。从 2012 年起，国内粮价开始逐渐高于国际市场。截至 2019 年，国内大米、小麦等主粮价格均远超国际市场价格。

一方面，国内农业生产成本持续上涨，特别是生产性服务费用的支出，年均增幅达到 8%~9%，农产品价格却弱势运行，导致农业比较效益持续走低；另一方面，国际市场大宗农产品价格下降，已不同程度低于我国国内同类产品价格，导致进口持续增加，成本"地板"与价格"天花板"给我国农业持续发展带来双重挤压。相当于天花板在往下压，地板在往上升，于是中间的空间就越来越小，这是我们要面对的现实问题。

4.1.4　农产品质量安全监管有待进一步加强，农产品质量安全追溯体系需进一步完善

改革开放以来，我们在提高农产品产量方面取得巨大成绩，我国农产品质量安全水平越来越高，做到了总体保障可靠。但是，消费者对安全放心农产品的期待值也不断提高。如何生产出更多更好更安全的农产品，是一项严峻的挑战。对于农产品生产领域暴露出的农药残留超标、抗生素滥用等问题，我国政府从法律、制度、监管措施等多个层面开展工作，取得了显著的成效，但由于我国农产品生产者经营活动高度分散，市场上的产

品来源复杂，大多数农产品没有经过质量认证，也不在农产品质量安全追溯系统中，因此，农产品质量监管工作任重而道远。

为了更好地进行农产品质量安全监管，除了从生产技术、质量认证等环节加强工作外，农产品质量追溯系统的建立和完善在当前显得尤为必要，利用农产品质量安全追溯系统不仅可以增强消费者对农产品质量的信心，也能倒逼农产品生产加工企业或组织加强质量管理、维护商业信誉。建立可追溯体系较难，农产品质量安全监管难度大。要进一步提高农产品质量安全水平，需要生产者、政府部门、科研机构、新闻媒体等各方共同努力。

4.1.5 人口老龄化、乡村人口外流以及劳动力成本上升等问题加剧农业劳动力的不足

第七次全国人口普查数据显示，2020 年，我国 60 岁及以上人口为 26402 万人，占比为 18.7%。而且，老年人口增长速度将明显加快，预计到 2030 年 60 岁以上人口占比将达到 25% 左右。农业相对收益连年下降、成本节节攀升，重挫农民积极性，农民外出务工普遍，农业劳动投入不足，田间管理缺失。我国城市化水平在不断提高，农村青壮年劳动力不断向城市转移，导致农村剩下的优质劳动力不多，特别是在山区、丘陵区等经济落后地区农村人口迁移多、剩余劳动力基本殆尽的情况普遍存在。2005 年，中国城镇人口 56212 万人，占总人口 43.0%，农村人口 74544 万人，占总人口 57.0%。而 2019 年，中国城镇人口 84843 万人，占总人口 60.6%，农村人口 55162 万人，占总人口 39.4%。从 2005 年至 2019 年，农村人口降低了 18% 左右。作为农村劳动力输出大省，河南、安徽两省 2019 年人口净流出分别为 1312 万人、753.5 万人，分别占户籍人口的 12%、10.6%。同时，2005 ~ 2016 年，全国自然村由 313.7 万个锐减至 261.7 万个，10 多年间减少了 52 万个，平均每天消失约 130 个。发展现代农业需要培育"爱农业懂技术善经营"的新型职业农民，"就地培养更多

新型职业农民"进程中面临着无人可培的尴尬局面,传统的散户快速分化与新型农业经营主体发育不足的矛盾十分突出。因此,中国农村劳动力正逐年流失。人口老龄化及城镇化带来的农村适龄劳动力缺乏等问题导致劳动力成本急剧上升。这种情况下,依靠数字化、机械化来降低生产成本、扩大经营规模成为推进农业现代化的重要途径。

4.2 我国农业高质量发展历程及政策梳理

通过对历年中央一号文件及相关政策梳理,对进入 21 世纪以来农业高质量发展的政策沿革过程划分为:"起飞"准备阶段(2000~2010 年)、"起飞"阶段(2010~2015 年)和持续推进阶段(2016 年以来),以便更好理解农业高质量发展的推进特征(见表 4-1)。

表 4-1　　　　　　　　　　　农业高质量发展历程和政策沿革

阶段	相关文件	重要表述	关键信息提取
"起飞"准备阶段(2000~2010 年)	2004 年《中共中央 国务院关于促进农民增加收入若干政策的意见》 2005 年《中共中央 国务院关于进一步加强农村工作 提高农业综合生产能力若干政策的意见》 2007 年《中共中央 国务院关于积极发展现代农业 扎实推进社会主义新农村建设的若干意见》 2008 年《中共中央 国务院关于切实加强农业基础建设进一步促进农业发展农民增收的若干意见》 2010 年《中共中央 国务院关于加大统筹城乡发展力度进一步夯实农业农村发展基础的若干意见》	(1)坚持"多予、少取、放活"的方针,加强节水灌溉、人畜饮水、乡村道路、农村沼气、农村水电、草场围栏等"六小工程"建设; (2)把加强农业基础设施建设,加快农业科技进步,提高农业综合生产能力和设施装备水平; (3)统筹城乡经济社会发展,实行工业反哺农业、城市支持农村和多予少取放活的方针,巩固、完善、加强支农惠农政策; (4)把扩大农村需求作为拉动内需的关键举措,把发展现代农业作为转变经济发展方式的重大任务	农业基础设施建设和综合生产能力提升驱动农业快速发展

续表

阶段	相关文件	重要表述	关键信息提取
"起飞"阶段 (2011~2015年)	2012年《关于加快推进农业科技创新持续 增强农产品供给保障能力的若干意见》 2013年《中共中央 国务院关于加快发展现代农业 进一步增强农村发展活力的若干意见》 2014年《中共中央 国务院关于全面深化农村改革 加快推进农业现代化的若干意见》 2015年《关于加大改革创新力度 加快农业现代化建设的若干意见》	(1) 坚持科教兴农战略，把农业科技摆上更加突出的位置，大幅增加农业科技投入，推动农业科技跨越发展，为农业增产、农民增收、农村繁荣注入强劲动力； (2) 按照稳粮增收、提质增效、创新驱动的总要求，继续全面深化农村改革，推动新型工业化、信息化、城镇化和农业现代化同步发展	科技创新和深化改革驱动农业高质量发展
持续推进阶段 (2016年至今)	2016年《中共中央 国务院关于落实发展新理念加快农业现代化实现全面小康目标的若干意见》 2017年《中共中央 国务院关于深入推进农业供给侧结构性改革加快培育农业农村发展新动能的若干意见》 2018年《中共中央 国务院关于实施乡村振兴战略的意见》 2019年《中共中央 国务院关于坚持农业农村优先发展 做好"三农"工作的若干意见》 2020年《中共中央 国务院关于抓好"三农"领域重点工作 确保如期实现全面小康的意见》 2021年《中共中央 国务院关于全面推进乡村振兴 加快农业农村现代化的意见》 2022年《中共中央 国务院关于做好全面推进乡村振兴重点工作的意见》	(1) 用发展新理念破解"三农"新难题，……推进农业供给侧结构性改革，加快转变农业发展方式，走产出高效、产品安全、资源节约、环境友好的农业现代化道路； (2) 必须坚持质量兴农、绿色兴农……加快构建现代农业产业体系、生产体系、经营体系，提高农业创新力、竞争力和全要素生产率； (3) 粮食和重要农产品供应保障更加有力，农业生产结构和区域布局明显优化，农业质量效益和竞争力明显提升，现代乡村产业体系基本形成，……脱贫攻坚成果巩固拓展，城乡居民收入差距持续缩小； (4) 推进种源等农业关键核心技术攻关……提升农机装备研发应用水平……加快发展设施农业……加大农业防灾减灾救灾能力建设和投入力度……以数字技术赋能乡村公共服务	质量效益和竞争力提升驱动质量兴农、绿色兴农

2000~2010年"起飞"准备阶段。改革开放后中国人的食物消费结构从传统的粮食、肉类和蔬菜8∶1∶1的饮食结构转变为5∶2∶3的结构（黄宗智等，2007），居民人均粮食消费量从166.27千克迅速下降到131.49

千克，降幅达到 26.45%，人均肉类消费量从 17.15 千克上升到 20.10 千克，上升了 17.20%，水产品和奶类人均消费需求迅速上升，分别上升 30%~60%，人民"吃得丰富多样"的需求，对农业供给保障能力提出新要求（见图 4-1）。但在起飞准备阶段初期，我国农业整体基础薄弱，1995~2000 年平均每个农民家庭拥有大型农机 1.20 台，一个农业劳动力生产的粮食只能供给 8 个人，农民生活困难，2000 年人均可支配收入仅有 2282 元，总体上支撑农业高质量发展的物质基础还比较欠缺，为此中央紧密围绕这一国情制定"强基础、保供给、增收入"的阶段性政策，农业基础设施建设和综合生产力提升为农业高质量发展奠定物质基础。2000~2010 年，农业机械总动力从 52573.61 万千瓦上升到 92780.48 万千瓦，农用化肥和塑料薄膜使用量分别增长 34.00% 和 62.00%。这一阶段农产品供给保障能力大幅提升，肉类产量从 6013.90 万吨上升到 7993.61 万吨，水产品产量从 3706.23 万吨增长到 5373.00 万吨，农林牧渔业实际产值从 6360.00 亿元上升至 10601.00 亿元。这一时期，农业生产率大幅提升，劳均粮食产量平均为 1617.00 千克，劳均粮食供给人口数从 8 人提升到 14 人，劳均水果产量平均为 551.00 千克，劳均水果供给人口数从 9 人提升为 21 人，农民人均可支配收入达到 6272 元，增长了 1.75 倍。

经过漫长的准备阶段，农业综合生产能力和重要农产品供给能力持续提升，农民收入提升，农业农村发展势头强劲。但我国农业也面临挑战，包括化肥农药施用量远超国际标准，农业面源污染严重、科技创新支撑不足，农业国际竞争力低、基尼系数不降反增至 2010 年的 0.48，城乡收入差距拉大等新问题新情况。同时，城乡居民对肉类、水产品、奶类和瓜果类消费需求快速增长，消费朝着"吃得安全营养"的快速转型升级也对农业提出了更高要求。为此在 2010~2015 年"起飞"阶段，中央紧密围绕新阶段新矛盾制定"稳粮增收、提质增效、创新驱动"的阶段性政策，政策重心在于以农业科技创新和农业农村改革驱动农业持续高质量发展，为农业高质量发展注入新鲜活力。该阶段农业高质量发展的驱动力量源于科技进步和农村体制改革。这一时期农业生产供给保障能力持续巩固，平均每个农民家庭拥有

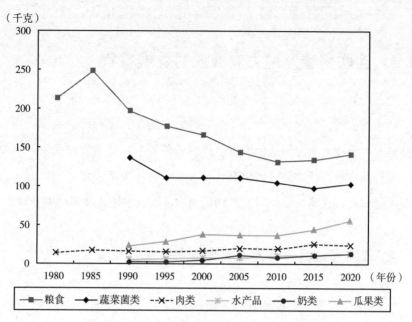

图 4-1　1980~2020 年人均重要农产品消费量

大型农机 4 台，化肥农药农膜使用量增速放缓，肉类产量增幅保持在 9.50%，水产品产量增幅在 15.00% 以上，农民人均可支配收入在 2015 年达到 11422 元，基尼系数从 0.48 下降到 0.46，城乡收入差距有所缩小。

2016 年以来，农业高质量发展进入持续推进阶段。该阶段面临的主要困难是结构性矛盾突出、资源环境约束和就业渠道狭窄等问题，同时满足人民"吃得健康有质量"的美好生活需求。发展任务一是提高农业质量效益和竞争力，转变以往注重数量而轻视质量的传统思维；二是巩固好后脱贫时代的乡村建设行动，促进农民收入稳定较快增长，推进城乡融合发展；三是加快实现农业农村现代化，让农业和乡村成为具有活力的产业和区域。为此中央紧密围绕新发展理念，将农业政策重心放在持续加大创新驱动力度，加快培育农业农村发展新动能方面，打好种业翻身仗，攻克关键领域的核心技术难题，以期为农业发展厚植优势和动能。这一时期，农业绿色发展步入正轨，化肥施用减量 12.00%，农膜使用减量 100%；农产品供给基本稳定，肉类产量有所下降，但水产品持续增长，尤其人工淡水养殖水产品增幅达到 11.00%，基尼系数稳定在 0.46。

4.3 互联网普及助力农业农村发展现状

从本质上看，农村互联网普及是在网络设施在农业农村领域推广和应用的基础上，通过技术更新迭代满足多样的消费需求，从而使农业生产和农民生活对数字技术产品的依赖度提高。接下来，将从数字经济基础、农业农村数字化转型和机遇等方面，对互联网助力农业农村发展现状形成初步认识。

4.3.1 互联网普及助力农业农村发展的成效

1. 数字经济发展规模和基础不断提升 *

区域数字经济规模显著提升。2020 年在新冠疫情影响下我国数字经济发展基本稳定，总量规模达到 39.2 万亿元（中国信息通讯研究院，2021），数字经济规模总量较 2005 年增长近 13 倍，有效减轻国内经济下滑和需求不足的影响，为"后疫情"时代的新经济复苏注入新动能。依据相关行业指数测算，2020 年我国数字经济发展共有 10 个省份高于平均水平，其中广东排名第一位，其次是北京、江苏、浙江和上海，数字经济发展高地常年锁定在京津冀、江浙沪和珠三角地区，而西藏等西部地区数字经济发展相对落后，呈现出东高西低，极值锁定总体发展格局，中部地区数字经济发展追赶势头显著，河南、湖南和江西等地发展水平有所提升（赛迪顾问，2020），数字经济红利逐渐向中西部渗透，带动当地经济发展迎来新突破。

农村互联网普及基础不断巩固。2020 年底全国互联网宽带接入用户达 8.84 亿户，行政村通光纤和 4G 比例均超过 98%，城乡网络差距缩小，数

---

   * 本部分数据除特殊标注外均来自中国互联网络信息中心《中国互联网络发展状况统计报告》。

字技术硬件设备基础不断增强，为数字技术红利惠及城乡居民提供坚实保障，有助于实现城乡基本公共服务均等化。农村互联网普及率由 2016 年 12 月的 33.1% 增长到 2020 年 12 月的 55.9%［见图 4-2(a)］，互联网基础设施不断向农村地区下沉与渗透，不仅丰富农民业余生活，同时降低农业生产经营交易成本，减小信息不对称带来的利益损失，为助推农业农村现代化提供技术基础。农村网民规模大大增加，由 2009 年 6 月的 0.96 亿人增长到 2020 年 12 月的 3.09 亿人，年均递增 22.19%［见图 4-2(a)］。互

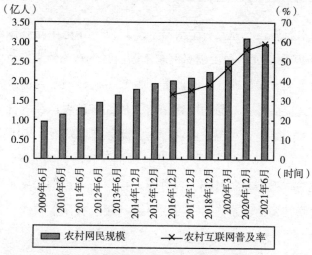

（a）农村网民规模及互联网普及率

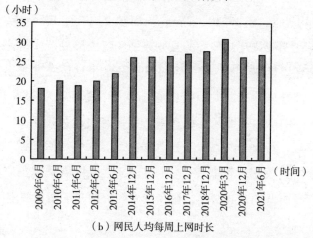

（b）网民人均每周上网时长

图 4-2　互联网普及助推农业高质量发展现状

联网技术转化和应用的对象基础不断扩充，同时网民数量的激增带动互联网相关业务量逐年增多，倒逼数字技术产品更显换代以满足时代和人民的多样需求。从人均每周上网时长来看，2009 年 6 月仅为 18 小时，而到2020 年 12 月便增加为 26.2 小时，足足增加 8 小时之多［见图 4 - 2（b）］。网民对数字技术产品依附性更强，网上购物、交流和工作的频率增加，互联网的场景应用不断成为居民日常生活的刚性需求。

2. 农业农村数字化转型趋势良好

互联网不断渗入农业农村生活与生产。2021 年上半年我国农村网络零售额实现 9549.3 亿元，居民消费需求不断由线下转为线上，这为农业农村数字化转型带来发展机遇，不断助推产业数字化转型。目前乡镇快递网点的全面渗透直接促进农产品的网络销售，传统特色农产品、优质绿色生鲜跨越时空距离的阻隔，实现农业农村电子商务蓬勃发展。2019 年全国农村电商合作社数量达 2011 个，农民合作社借助互联网对接市场，为促进资源整合和助农增收提供现实基础，一方面对接不断升级的居民消费需求，助力农业供给侧结构性调整；另一方面有效利用农村闲置资源，激发农民创业致富活力。

数字乡村建设基础良好。从数字乡村指数来看，统计的 1880 个县域数字乡村平均指数为 49.80，高于平均值的达到 1054 个，占比达到56.06%①，说明我国超过多数的县域数字乡村发展处于中等水平，数字化转型基础良好。具体而言，数字乡村发展高水平地区主要集聚在以江浙沪为中心的东部沿海地区，尤以浙江省乐清市、德清县和安吉县水平最高，并以此为圆心向中西部地区逐级递减，数字乡村指数低于 31.31 的地区主要散落在西藏、新疆和内蒙古部分地区，发展水平相对落后，基础设施建设和乡村生活指数相对较低。② 总体而言，区域发展呈现出以江浙沪为单核驱动的东高西低的差异格局，存在较大的协调和平衡发展空间。

---

①② 北京大学新农村发展研究院数字乡村项目组. 县域数字乡村指数（2020）研究报告［R］. 2022.

互联网渗透不断促进农村产业融合发展。2020 年全国新增 442 个 "一村一品" 示范村镇，总量达到 2851 个，专业村镇能够起到辐射带农增收和示范引领作用，实现农村产业链条化、一体化发展；2020 年淘宝村覆盖 28 个省级行政单位，数量达到 5425 个，较 2009 年增加 5423 个，在疫情时代实现逆势增长，凸显互联网发展对农业经济稳定增长的重要性；农产品百强淘宝村农产品交易额村均 4500 万元，另有 119 个淘宝村位于国家乡村振兴重点帮扶县，淘宝村的促农增收、减贫消贫效果不断增强，实现新型技术对传统产业的改造升级，农村一二三产业深度融合初步发展。

3. 互联网助推农业农村高质量发展存在广阔空间

从数字技术对三大产业的渗透率来看（见图 4 - 3），对于农林牧渔业渗透率低于其他产业，2020 年仅为 8.90%，为第二产业的 2/5、第三产业的 1/5，与非农产业的数字融合相比仍然存在较大差距，说明互联网推动农业产值提升仍然具有增长空间，不断增强新型数字技术对传统农业增长方式的升级改造，通过数字技术渗透逐步消除产业边界，促进农业产业链的横向拓展和纵向延伸。

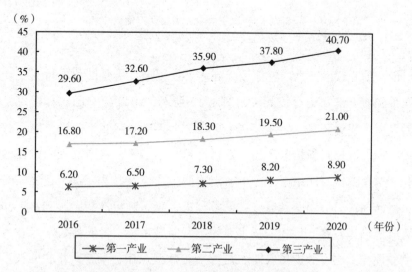

图 4 - 3 2016~2020 年我国数字经济渗透率

资料来源：中国信息通信研究院《中国数字经济发展白皮书（2020 年)》。

对农业农村整体信息化的统计显示，2020年，我国农业农村信息化整体发展水平为37.9%，其中农业生产信息化发展水平仅为22.5%。对特定农业行业的生产信息化统计显示，畜禽养殖整体生产信息化水平为30.2%（其中家禽为32.9%、生猪为31.9%）、设施栽培为23.4%、大田种植为18.5%、水产养殖为15.7%（见图4-4）。可知，我国农业信息化发展水平仍有较大提升空间。

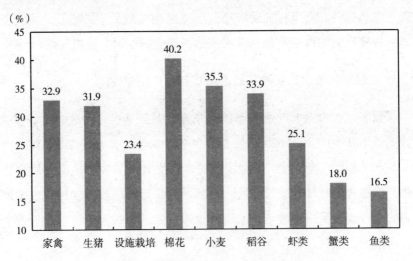

图4-4　2020年我国主要农业类型生产信息化水平
资料来源：《2021年全国县域农业农村数字化发展水平评估报告》。

　　而当前互联网产品广泛应用受到多方面限制，一是部分农村居民受教育水平和数字素养相对较低，如图4-5所示，2020年全国农村居民平均受教育年限仅为8.03年，较2004年增加1年，普遍处于初中及以下教育阶段，叠加农户对新技术产品的盲目排斥与不信任，互联网受用群体的差异化和信任危机对网络下沉产生一定阻碍；二是农村基础设施普遍相对落后，互联网产品应用受到信号、设备和灾害等不确定性要素影响，产品损耗大且维护运营难，且相关技术人才不断向城市集中，农村数字产业人才的空缺同样无法有效支撑农业农村数字化转型。综合来看，互联网技术与农业渗透融合程度不深，受到农村基础设施和农民数字素养等多方面影响。

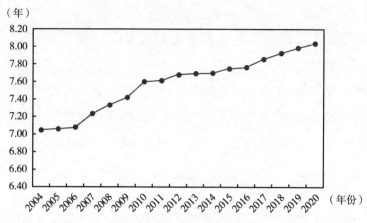

图 4 - 5　2004 ~ 2020 年我国农村居民受教育年限

　　产业数字化转型与融合区域差异大。从农产品网络零售额看，如图 4 - 6 所示，2019 年华东地区零售额最高，其次是华南和华北地区，但华中和西南地区仅为 6.67% 和 6.10%，而东北和西北地区不到 3%，整体呈现东部高、东北和西南低的区域特征，农业数字化转型与当地社会经济发展水平存在较大关联。但与 2018 年相比发现，农业数字化转型高地依旧集中在东南沿海地区，但华南、华北和华中地区农产品零售额占比有所上升，而其余地区均有所下滑，逐渐呈现出中部崛起、西部仍然落后的发展趋势。综合来看，互联网促进农业增长方式转变存在时间上的惯性和空间上的非均衡特征。

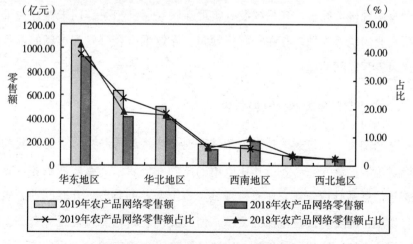

图 4 - 6　数字技术对农业农村领域的渗透

4.3.2 互联网普及助力农业农村发展存在的问题

互联网普及助力农业农村发展在我国已有不少成功的案例，给我国农业的发展提供了宝贵可供借鉴的经验，不过我国互联网普及助力农业农村的发展，依旧存在着许多难题，限制了我国农业农村的发展。

1. 缺乏对互联网与农业产业融合的足够重视

部分农村地区缺乏互联网思维和互联网意识，导致在将互联网融入农业产业的过程中遇到了较大的阻力。部分农民尚未认识到互联网技术对农业生产活动和农产品销售的意义，缺少应用互联网的意识，同时其信息素养不足，尚未掌握各项技术的正确使用方法；对于互联网的认识只停留在农产品电商层面，就电商谈电商，没有深层次地挖掘互联网的内涵。互联网与农业产业深度融合涉及产前、产中、产后的种、管、收、储、运、加、销全产业链，营销层面包括平台、渠道、品牌、产品、研发、仓储、物流、门店、经营主体、基地建设等要素，在其他环节还涉及农产品质量追溯系统、地理信息系统、气象信息系统、农情监测系统、灾害预警系统、政务信息系统的数据集成和应用，从目前总体情况看，农业产业各要素没有实现科学配置，各系统没有实现互联互通。相关部门未做好关于互联网农业的统筹规划，存在极端化倾向，导致难以充分发挥市场的调节作用，阻碍互联网的运用。

2. 农业农村信息基础设施薄弱

互联网是一次重大的技术革命创新，必然将经历新兴产业的兴起和新基础设施的广泛安装、各行各业应用的蓬勃发展阶段。互联网农业也将不能跨越信息基础设施在农业农村领域大范围普及的阶段。互联网助力农业农村发展，需要基础设施作为支撑，但是我国农村信息基础设施薄弱，部分农村地区缺少网络基础设施，网络条件较差，我国仍然有为数不少的行政村没有宽带,农村家庭里拥有计算机的数量不到30%,农村互联网普及率只有27.5%,有大量的农民不会利用互联网,上网意愿不强。农业农村很难承接互联网农业的快速发展。农村物流建设滞后是制约农产品电商、特别是生鲜电商发展的重要因素。虽然近年来我国的交通物流体系建设取得了重大进步,但是在我国西部地区、农村地区交通物流建设依然薄弱,农产品冷链发展也不够完善,造成农产品物流环节损耗较高。

另外,农业数据资源的利用效率低、数据分割严重,信息技术在农业领域的应用大多停留在试验示范阶段,信息技术转化为现实生产力的任务艰巨。

3. 缺乏顶层设计

互联网农业是借助现代科技进步实现传统产业升级的全新命题,是保障国家粮食安全和推动现代农业建设的重要手段,蕴含着重大的战略机遇和广阔的发展空间。然而,互联网农业涉及的管理部门众多,中央政府层面的主管部门包括国家发展改革委、农业农村部、商务部、工信部、交通部、科技部、食药监局,涉农政策往往缺乏连贯性,政策配套措施不完善。互联网农业环节繁多,涉及农产品的生产、流通、消费、服务(金融和信息)、农村电子政务等多个方面。目前的政策供给缺乏顶层设计,政策之间缺乏统筹,衔接性和可操作性不强,没有统一的行业性统筹协调机构和公共服务平台。线上资源和要素没有协同效应。各地区存在分别探索、各自为战、重复建设的问题,存在同品牌、同产品、同行业竞争,内耗严重。

4. 尚未形成可持续发展的模式

农业是典型的传统行业,具有地域性强、季节性强、产品标准化程度低和生产者分散等特点。农业拥抱互联网,要充分利用互联网的优势来改造农业,同时也要符合农业行业本身发展的特征,在农业与互联网的碰撞与融合中找到互联网时代的商业逻辑。我国互联网电商平台建设自2014年迅猛发展以来,许多大型电商平台出于抢占市场的目的,将视线转向了广大农村地区,这在一定程度上促进了农村电子商务发展。然而,现阶段可持续发展的农村商业模式尚未形成,互联网并没有在农业生产中得到大规模的运用,没有建立具有实效性的商业链,大数据、物联网、云计算等技术也没有在农村得到全面运用,阻碍着互联网作用的发挥。另外,当前我国许多网络信息技术虽然已在农业生产活动中得到运用,但大部分技术尚处于实验阶段,尚未真正投入运用,也没有得到有效推广。由于缺少支撑互联网的基础设施,自然难以构建互联网农业模式。

5. 农业互联网人才不足

农村"空心化"问题突出,留守人员对信息技术了解有限。农民获取新技术渠道有限,不能将知识有效运用农业生产实践。农民对新技术的应用不够积极,部分农民对新技术有抵触心理。农业信息跨界复合型人才不足。熟练掌握物联网和数据技术,了解农产品经营知识,同时拥有丰富农业生产经营的人才少,相关人才培养和培训存在短板。我国涉农学科和信息技术融合的学科设置和人才培养还处于起步阶段,而农业物联网、农业大数据等方面的实践开展时间不长,相关学科设置匮乏。

第 **5** 章

农业高质量发展水平的
测算及分析

通过构建农业高质量发展水平的测算指标体系，对我国省域农业高质量发展的区域特征有初步认识，并为实证研究提供能够综合反映农业高质量发展的核心变量。从质量变革、效率变革和动力变革构建农业高质量发展指数的测算指标体系，运用 CRITIC 方法测度 2009~2020 年我国 30 个省份的农业高质量发展水平。

5.1 农业高质量发展水平的指标体系构建

学者们一致认为单一指标不能够综合体现农业高质量发展水平，必须构建系统的评价指标体系反映农业高质量发展的多维特征（魏敏等，2018）。根据农业高质量发展的相关理论，分别从质量变革、效率变革、动力变革构建农业高质量发展指数的测算指标体系，旨在从推动路径和实现结果角度，综合反映农业高质量发展状况（见表 5–1）。

表 5-1　　　　　　　　　　农业高质量发展指数的测算指标体系

目标层	系统层	准则层	指标层	指标权重	指标属性
农业高质量发展	质量变革	生产优质质量	农业防灾减灾率	0.0510	正
			单位耕地绿色农产品数量	0.0316	正
			农产品出口额占比	0.0627	正
		生活富裕质量	农村居民文教娱乐支出占比	0.0132	正
			农村居民恩格尔系数	0.0064	负
			农村居民人均可支配收入	0.0043	正
		生态绿色质量	农业碳排放	0.0200	负
			单位耗水创造的农业产值	0.0420	正
	效率变革	产业协同效率	农产品加工业产值与农业产值之比	0.0512	正
			每百万人专业村镇数量	0.0388	正
			淘宝村数量	0.2943	正
		生产集约效率	土地集约指数	0.0110	正
			农业比较劳动生产率	0.0146	正
			农业土地生产率	0.0131	正
		经营管理效率	每百万户农民合作社覆盖率	0.0383	正
			每百万户农机专业服务覆盖率	0.0411	正
			土地适度规模经营比例	0.0500	正
	动力变革	技术支撑动力	农作物综合机械化率	0.0087	正
			设施农业面积占比	0.0375	正
			单位农业产值的贷款余额	0.0629	正
		创新发展动力	农业科研投入强度	0.0100	正
			区域创新创业指数	0.0040	正
		结构优化动力	粮经饲种植结构调整指数	0.0068	正
			人均菜肉蛋奶产量	0.0126	正
			产业结构调整指数	0.0160	正
	底线要求	粮食生产能力	人均粮食产量	0.0105	正
		城乡收入差距	城乡居民人均可支配收入比	0.0049	正

注：农业高质量发展的准则层选取维度借鉴杜志雄等（2021）的"农业高质量发展的分析框架"。相关指标解释见附录 A。

农业高质量发展的质量变革主要体现在生产、生活和生态质量的全面提升,应当是在保障农产品优质化、绿色化、品牌化和国际化的基础上,抵御自然风险能力强、投入和生产过程绿色低碳、具有国际竞争力的生产优质安全农业,保障农民基础性收入、物质生活和精神生活统一的生活富裕农业,符合国家碳排放要求、资源利用高效和产出安全的生态绿色农业。为体现上述内涵,采用农业防灾减灾率表征农业抵御自然风险能力,单位耕地绿色农产品数量表征农产品质量安全,农产品出口额占比表征农业国际竞争力;农村居民文教娱乐支出占比表征精神生活丰富,农村居民恩格尔系数和农村居民可支配收入表征物质生活富有;农业碳排放和单位耗水创造的农业产值表征资源利用高效,化肥和农药使用强度表征产出安全。

农业高质量发展的效率变革主要体现在产业、生产和经营效率的综合优化,应当是在构建现代融合、高效和集约的农业经济体系的基础上,产业链延伸、多功能拓展和新业态培育的产业协同农业,土地集约、劳动力高效的生产要素配置有效农业,新型经营主体多元、多种形式适度规模经营的经营复合农业。为体现上述内涵,采用农产品加工业产值与农业产值之比表征农业产业链延伸,每百万人专业村镇数量表征多功能拓展,淘宝村数量表征新业态培育;土地集约指数和土地生产率表征土地利用和产出高效,农业比较劳动生产率表征农业相对于非农产业的质量效益差距;每百万户农民合作社覆盖率表征新型农业经营主体的辐射带动能力,每百万户农机专业服务覆盖率表征农业生产社会化服务比例和服务规模化,土地适度规模经营比例表征耕地规模化。

农业高质量发展的动力变革主要体现在技术支撑、创新驱动和结构优化的有机统一,应当是在转变农业发展方式和新旧动能转换的基础上,设施和机械物质装备水平高、信贷和保险金融支撑效果好的技术支撑农业,科研成果有效转化、新型技术广泛应用和创业活力高涨的创新驱动农业,农业供给侧结构性调整、满足消费升级需求和产业结构合理的结构优化农业。为体现上述内涵,采用农作物综合机械化率表征农业机械装备能力,设施农业面积占比表征农业设施保障能力，单位农业产值的贷款余额表征信贷支撑力度；农业科研投入强度表征农业科技创新能力，区域创新创业指数表征创新驱动发展；种植结构调整指数表征农业供给侧结构性调整，人均菜肉蛋奶产量表征满足消费升级需求能力，产业结构调整指数表征产业结构合理。

农业高质量发展的底线要求为保障粮食安全和缩小城乡差距，应当是统筹发展与安全，坚守底线思维的保障性农业。参考叶兴庆等（2021），采用人均粮食产量表征粮食安全，城乡居民可支配收入比表征城乡差距。

5.2 农业高质量发展水平的测算方法

5.2.1 数据标准化

为了消除量纲影响，采用极值法对评价体系中正向指标与负向指标分别进行标准化处理，计算公式如下：

（1）正向指标：

$$Y_{ij} = \frac{x_{ij} - x_{i,\min}}{x_{i,\max} - x_{i,\min}} \tag{5.1}$$

（2）负向指标：

$$Y_{ij} = \frac{x_{i,\max} - x_{ij}}{x_{i,\max} - x_{i,\min}} \tag{5.2}$$

其中，Y_{ij} 为标准化之后的指标值，x_{ij} 为第 i 个省份第 j 项指标的原始数据，$x_{i,\max}$ 和 $x_{i,\min}$ 分别为第 i 个省份第 j 项指标的最大值和最小值。

5.2.2 指标确权

基于前文介绍的 CRITIC 方法确定权重，运用变异系数和复相关系数进行组合赋权，综合利用原始数据的差异信息和重复信息。

指标变异性计算公式如下：

$$V_j = \frac{\lambda_j}{\bar{x}}, (j = 1, 2, \cdots, n) \tag{5.3}$$

其中，V_j 为第 j 项指标的变异系数，λ_j 为第 j 项指标的标准差，$\bar{x}$ 为第 j 项指标的平均数，n 为指标个数。

指标冲突性计算公式如下：

$$R_j = \sum_{j=1}^{p} (1 - r_{mj}) \tag{5.4}$$

其中，r_{mj} 表示指标之间的复相关指数。

组合权重计算公式如下：

$$W_j = \frac{V_j \times R_j}{\sum\limits_{j=1}^{p} V_j \times R_j} \tag{5.5}$$

5.2.3　综合指数

通过计算标准化的值与相应的权重乘积，就得出的农业高质量发展指数：

$$Q_i = W_j \times Y_{ij} \tag{5.6}$$

其中，Q_i 分别代表第 i 个省份的农业高质量发展指数。

5.3 数据来源及说明

以我国 30 个省份为基本研究单元（所涉及的数据均未包括西藏、香港、澳门和台湾），选择 2009～2020 年我国农业生产经营相关数据，对农业高质量发展指数进行系统测算，以期为后文的实证检验提供科学支撑。

主要数据来源如下：实际灌溉面积、耕地面积、农林牧渔业产值、农作物成灾面积、受灾面积、粮食总产量、蔬菜总产量、肉类总产量、禽蛋总产量、奶类总产量、农用化肥折纯量、农药施用量、农用塑料薄膜用量、农用柴油量、农村用电量来自《中国农村统计年鉴》；温室设施面积、农机作业服务专业户数来自《中国农业机械工业年鉴》；农业科研投入强度来自《中国科技统计年鉴》；全社会农林牧渔业固定资产投资、地方农林水事务支出、区域总人口、农业用水总量、邮电业务总量、第一产业产值、第二产业产值、第三产业产值、第一产业从业人员、第二产业从业人员、第三产业从业人员、城镇居民可支配收入、农村居民可支配收入、农村居民人均消费支出、农村居民家庭文教娱乐支出、地区生产总值来自《中国统计年鉴》；家庭承包经营耕地面积、家庭承包耕地流转面积、农民专业合作社数、区域农户数、经营耕地30亩以上的农户数来自中国农村经营管理统计年报；当年有效使用的绿色食品标志产品数量来自中国绿色食品网；农村受教育年限来自《中国人口和就业统计年鉴》；农产品出口总额来自中国农产品月度统计报告；区域创新创业指数来自北京大学开放研究数据平台（Ruochen et al.，2021）；淘宝村数量来自阿里研究院发布的淘宝村研究报告；一村一品示范村镇数据来自农业农村部历年公布的一村一品示范村镇名单；农业碳排放数据根据李波等（2011）研究计算所得。

部分特殊数据说明：部分异常值根据年际变化趋势进行修正，如2019年北京农业用水量由41.7立方米改为4.17立方米；部分缺失值依据增长趋势外推法和中间值法进行代替，如2017年和2018年全国的农产品加工业产值利用趋势外推法进行填补；2018年的全国家庭承包经营面积采用2017年和2019年的中位数代替。

5.4 我国农业高质量发展水平评析

5.4.1 农业高质量发展整体水平不高，近年发展速度加快

2009～2020年我国省际农业高质量发展平均指数从0.2260提升至

0.3000,年均递增 2.60%,年际变化较为稳定且呈现上升趋势。分阶段看,2015 年之前农业高质量发展相对迟缓,发展水平长期徘徊在 0.2370 低水平区间,2015 年之后农业高质量发展速度加快,年均增速为 3.85%,这可能与国家作出加大改革创新力度、加快农业现代化进程的决定有关。2009～2020 年我国省际农业高质量发展 σ 系数由 0.0240 增长到 0.0550,年均递增 6.93%,省际发展水平趋异程度较重,离散化发展趋势明显。从图 5 - 1 中可以明显看出,2014 年以前省际农业高质量发展水平趋异程度不明显,在 2015 年出现明显的收敛态势之后,省际农业高质量发展水平的发散趋势更为明显,σ 系数年均递增 11.94%,省际农业高质量发展不平衡加剧,发展水平差异迅速扩大。

5.4.2 农业高质量发展子系统发展差异大,加剧不平衡发展

农业高质量发展由效率变革主导,质量变革和动力变革贡献式微。2009～2020 年我国农业高质量发展效率变革平均指数从 0.0880 提升到 0.1310,贡献度从 38.79% 提高到 43.88%,极大带动农业高质量发展;动力变革指数从 0.0350 提高至 0.0450,贡献度从 15.34% 下降到 15.17%,支撑农业高质量发展基本稳定;质量变革指数从 0.1000 提高到 0.1170,贡献度从 44.18% 降低到 39.03%,支撑农业高质量发展乏力 [见图 5 - 1(a)]。

分子系统看,省际农业高质量发展水平差异主要归因于效率变革。从子系统的 σ 系数看,效率变革差异最大,其次是质量变革和动力变革,其中 2009～2020 年效率变革的 σ 系数由 0.0170 增长为 0.0600,省际农业高质量发展的效率变革趋异程度加剧;质量变革的 σ 系数由 0.0150 增长为 0.0270,省际农业高质量发展的质量变革差异趋势明显;动力变革的 σ 系数由 0.0090 增长为 0.0150,省际农业高质量发展的动力变革差异变化较为稳定。具体而言,2015 年以后农业高质量发展的三大子系统发散趋势均较为明显,尤以质量变革最为显著 [见图 5 - 1(b)]。

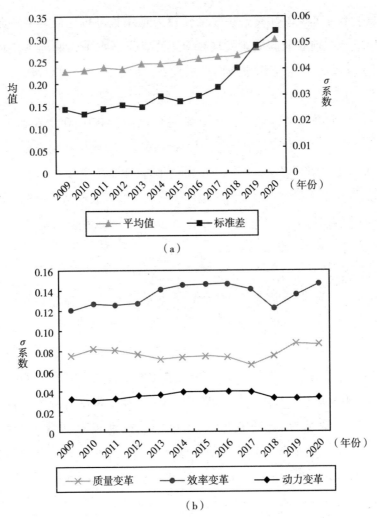

（a）

（b）

图 5 - 1　2009 ～ 2020 年我国农业高质量及其子系统发展指数的平均值和 σ 系数

5.4.3　农业高质量发展水平的省际差异明显，区域非均衡发展

分地区看，2020 年农业高质量发展水平最高的前 3 位是浙江、山东和广东，指数分别是 0.4995、0.3856 和 0.3754，发展水平较低的地区分别是天津、安徽和广西，农业高质量发展指数分别为 0.2100、0.2551 和 0.2534。2009 ～ 2020 年农业高质量发展水平提升较快地区包括上海、江

苏、浙江、福建、山东、广东等东南沿海地区。其中增速最快的是浙江，
农业高质量发展指数从 0.2157 提高到 0.4995，年均递增 10.96%，2015 年
以后增速甚至达到 13.70%。农业高质量发展速度低于平均速度的包括山
西、内蒙古、黑龙江、安徽、江西、湖北和湖南等 20 个省份，主要集中在
中部和西部交汇地区，其中发展速度最慢的是陕西，农业高质量发展指数
从 0.2561 增长到 0.2721，年均增速 0.52%（见表 5 - 2）。

表 5 - 2　　　2009～2020 年部分年份各省份农业高质量发展指数

地区	2009 年	2011 年	2013 年	2015 年	2017 年	2019 年	2020 年
北京	0.2456	0.2655	0.2683	0.2567	0.2761	0.2876	0.2698
天津	0.1840	0.2195	0.2318	0.2201	0.2065	0.2120	0.2100
河北	0.2276	0.2498	0.2573	0.2673	0.2764	0.3060	0.3500
山西	0.2299	0.2325	0.2621	0.2569	0.2442	0.2410	0.2629
内蒙古	0.2572	0.2707	0.2812	0.2863	0.2973	0.3024	0.3114
辽宁	0.2514	0.2652	0.2729	0.2817	0.2833	0.2765	0.2760
吉林	0.2567	0.2654	0.2756	0.2730	0.2745	0.2890	0.2966
黑龙江	0.2901	0.2784	0.2812	0.2972	0.3278	0.3235	0.3450
上海	0.1988	0.2120	0.2190	0.2168	0.2112	0.2820	0.3399
江苏	0.2184	0.2292	0.2468	0.2727	0.2869	0.3615	0.3739
浙江	0.2157	0.2287	0.2292	0.2631	0.3352	0.4684	0.4995
安徽	0.2299	0.2351	0.2413	0.2349	0.2416	0.2474	0.2551
福建	0.2023	0.2142	0.2104	0.2197	0.2331	0.2656	0.2999
江西	0.2179	0.2299	0.2259	0.2331	0.2469	0.2621	0.2770
山东	0.2591	0.2847	0.2858	0.2983	0.3163	0.3388	0.3856
河南	0.2251	0.2366	0.2400	0.2486	0.2350	0.2529	0.2989
湖北	0.2218	0.2360	0.2437	0.2436	0.2494	0.2523	0.2620
湖南	0.2227	0.2230	0.2166	0.2123	0.2314	0.2385	0.2672
广东	0.1758	0.1824	0.1928	0.1993	0.2421	0.3330	0.3754
广西	0.2011	0.1997	0.2259	0.2152	0.2315	0.2288	0.2534
海南	0.2154	0.2448	0.2326	0.2352	0.2429	0.2552	0.2581
重庆	0.2358	0.2340	0.2496	0.2421	0.2573	0.2478	0.2816
四川	0.2193	0.2168	0.2345	0.2396	0.2325	0.2402	0.2630

续表

地区	2009 年	2011 年	2013 年	2015 年	2017 年	2019 年	2020 年
贵州	0.2092	0.2096	0.2278	0.2392	0.2486	0.2646	0.2914
云南	0.2174	0.2259	0.2349	0.2420	0.2571	0.2705	0.2833
陕西	0.2561	0.2670	0.2699	0.2625	0.2719	0.2705	0.2721
甘肃	0.2458	0.2353	0.2681	0.2898	0.3159	0.3009	0.3358
青海	0.2088	0.2330	0.2381	0.2161	0.2406	0.2475	0.2640
宁夏	0.2498	0.2534	0.2567	0.2532	0.2662	0.2857	0.2897
新疆	0.2325	0.2440	0.2554	0.2670	0.2525	0.2628	0.2742

从质量变革子系统看，2020 年农业质量变革指数最高的前 3 位是贵州、云南和四川，质量变革指数分别是 0.1667、0.1626 和 0.1571，主要在于西南地区生态基底和特色农产品品质较好。质量变革指数较低的分别有安徽、广东和新疆，主要原因在于农业生产和生态质量指数相对较低，大规模农业生产对生态基底产生一定损害。对比发现，相比质量变革指数较低的省份，指数较高省份在农业碳排放、农业耗水、化肥减量施用等方面有显著优势，资源利用效率较高且绿色低碳产出，因此，农业绿色发展成为江苏、安徽、广东等地区的突出短板。

从效率变革子系统看，2020 年农业效率变革指数最高的前 4 位包括浙江、广东、江苏和山东，集中在"环江浙沪"等东部沿海地区，该区域农业种植历史悠久、生产耕作条件俱佳且物质装备水平较高，农业生产和经营组织效率较高。指数较低地区主要为北京、天津和上海，主要原因在于受城镇化和工业化影响，农业发展缺乏人力等基础要素支撑。对比发现，相对效率变革指数较低省份，指数较高省份在农产品加工业、专业村镇、淘宝村、要素生产率和农业社会化服务覆盖等方面具有显著优势。因此，发展高附加值农业，促进农业增效成为北京、天津、上海等地农业高质量发展的突出短板。

从动力变革子系统看，2020 年农业动力变革指数最高的前 4 位是北京、江苏、甘肃和宁夏，集中在国家重点区域发展战略周围，得益于政策红利农业高质量发展速度加快，而指数较低主要有黑龙江、广东、海南、重庆和云南等地,主要受传统农业生产方式影响,产业结构需要长期调整。对比发现,相对动力变革指数较低省份,指数较高省份在设施农业、信贷投入、种植结构调整等方面具有显著优势,农业物质装备和信贷支撑比较有力,粮经饲种植结构调整比较有效。因此,推动农业供给侧结构性调整和转换农业发展新动能成为黑龙江、广东、海南等地的突出短板。

5.4.4　我国农业高质量发展总体评价

从全域来看,我国农业高质量发展整体水平不高,在 2015 年之后发展速度加快,主要归因于效率变革的增长贡献不断增强,但质量变革支撑农业高质量发展乏力,省际农业高质量发展不平衡加剧,主要是因为效率变革和质量变革水平趋异程度加深。

分区域来看,2020 年我国农业高质量发展高水平区和提升较快地区仍然集中在东部沿海地区,主要包括浙江、山东和广东等省份,而低水平地区和发展速度缓慢地区集中在中西部交汇地区,主要为陕西、山西和内蒙古等省份,区域格局呈现东部高西部低、高水平区常年锁定在环京津冀和江浙沪地区等特征。

分子系统来看,质量变革表现比较好的省份集中在西南地区,而农业绿色发展是江苏、安徽、广东等地区的突出短板;效率变革比较突出的省份集中在“环江浙沪”地区,而发展高附加值农业,促进农业增效是北京、天津、上海等地农业高质量发展的突出短板;动力变革比较突出的省份集中在国家重点战略部署地区,推动农业供给侧结构性调整和转换农业发展新动能是黑龙江、广东、海南等地的突出短板。

第6章

农村互联网普及对农业高质量发展的影响：宏观层面

　　基于前面测算的农业高质量发展指数，本章从宏观角度验证农村互联网普及对农业高质量发展的影响机制，以期对理论推导作出实证检验。利用宏观省域数据构建面板数据模型，选取农村互联网普及率作为核心解释变量，研究其与农业高质量发展的关系，以检验农村互联网普及对农业高质量发展影响的理论模型。具体包括：基础模型设定、变量选取和描述性分析、实证结果与分析、模型内生性和稳健性讨论。最后总结农村互联网普及对农业高质量发展的宏观促进机制。

6.1 模型设定

　　前文理论模型（2.5）表明，如果把农业高质量发展视为经济发展的产出，互联网信息技术资本、物质资本和受教育水平均对其有显著影响，同时考虑到农业生产活动对土地的依赖，又加入土地要素投入以综合分析农村互联网普及对农业高质量发展的直接影响，即替代效应的存在，构建如下计量模型：

$$\ln Q_{it} = \alpha_0 + \rho \ln Q_{i,t-l} + \beta_1 \ln Internet_{it} + \beta_2 \ln sp_{it} + \beta_3 \ln sh_{it} + \beta_4 \ln m_{it}$$
$$+ \gamma_i Z_{it} + \mu_i + \varepsilon_{it} \tag{6.1}$$

其中，Q_{it} 表示农业高质量发展指数，$Q_{i,t-l}$ 表示农业高质量发展指数的滞后期。$Internet_{it}$ 表示农村互联网普及率，sp_{it}、sh_{it} 和 m_{it} 分别代表物质资本、人力资本和土地要素，以物质资本投资率、人力资本投资率和劳均农作物播种面积来代理，Z_{it} 表示的控制变量，主要包括经济发展水平、城镇化、财政支农力度和外商投资。ρ、β_i 表示回归系数，i 表示省份，t 表示年份。

除了上述模型所反映的直接替代效应，为检验农村互联网普及对农业高质量发展可能存在的协同效应，根据式（2.6），通过在基准模型中加入交互项，计量模型如下：

$$\ln Q_{it} = \alpha_0 + \sum_{k=1}^{p} \beta_k x_{it}^k + \sum_{k=1}^{p} \sum_{j=1}^{p} \beta_{kj} x_{it}^k x_{it}^j + \gamma_i Z_{it} + \mu_i + \varepsilon_{it} \tag{6.2}$$

其中，x_{it}^k 表示农村互联网普及、人力资本和土地投入要素，β_k 和 β_{kj} 分别是各投入要素及其交互项的系数。

最后，根据式（2.13），为检验农村互联网普及对农业高质量发展可能存在的渗透效应，将主要验证农村互联网普及与农业全要素生产率的关系，同时考虑到要素资本积累的影响，因此在模型中加入要素投入的滞后项，尽量消除变量的内生性对估计结果的影响，更为精确地掌握互联网技术的效率红利。计量模型如下：

$$\ln TFP_{it} = \alpha_0 + \beta_1 \ln Internet_{it} + \beta_2 \ln sp_{i,t-l} + \beta_3 \ln sh_{i,t-l}$$
$$+ \gamma_i Z_{it} + \mu_i + \varepsilon_{it} \tag{6.3}$$

其中，TFP_{it} 表示 t 时期 i 省份的农业全要素生产率，$sp_{i,t-l}$ 和 $sh_{i,t-l}$ 分别表示物质资本和人力资本的滞后项。

6.2 变量选择与测算

尝试利用宏观数据构建计量模型，目的是实证检验农村互联网普及对农业高质量发展可能存在的替代效应、协同效应和渗透效应，以期印证理论推导的真实性。具体模型变量和数据处理方式如下。

（1）被解释变量。替代效应和协同效应的被解释变量为农业高质量发展指数（Q_{it}），具体测算过程见之前章节。渗透效应的被解释变量采用随机前沿方法计算的农业全要素生产率（TFP_{it}），参考龚斌磊（2020）研究设置农业投入产出指标。

（2）核心解释变量。农村宽带安装户数反映的是互联网基础设施对农业农村领域的渗透能力，互联网基础设施普及是数字经济发展和数字技术应用的前提，根据"梅特卡夫定律"（Metcalfe's law），网络发展基础和用户的激增将大幅度提升数字经济价值。因此借助农村宽带安装率表征农村互联网普及率（BD_{it}），并验证其与农业高质量发展的关系。

（3）相关要素投入。①物质资本投资率（sp_{it}），由于已有的资本形成统计数据并没有区分数字资本和非数字资本，在数字资本积累的控制上，选用信息技术制造业和软件业对应的固定资产投资额占 GDP 比重代理。借鉴蔡跃洲等（2015）的研究，收集整理各类资本固定资产投资数据，在计算物质资本投资率时，从全社会固定资产投资中扣除数字固定资产投资。②受教育水平（sh_{it}），根据曼昆（Mankiw，1992）和汪锋等（2006）的研究，使用就业人员受高中以上教育的比例作为人力资本积累率的近似估计。③劳均农作物播种面积（m_{it}），通过农作物播种面积除以农林牧渔从业人数计算得到。

（4）控制变量。①经济发展水平（GDP_{it}），多数研究表明农业高质量发展水平受经济发展水平影响（黄修杰，2021），因此采用人均地区实际生产总值作为控制变量。②城镇化率（URB_{it}），新型城镇化与农业高质量发展存在耦合协调关系（龚锐等，2020），但是城镇化带来的农村要素流失可能导致农业全要素生产率增长乏力（李士梅等，2017），为此采用城镇常住人口占总人口比例计算城镇化率，进一步探究影响方向。③财政支农力度（FIN_{it}），已有研究表明财政支农对农业增长至关重要（李焕彰等，2004），因此采用农林水事务支出额来表示财政支农力度。④外商直接投资（FDI_{it}），对外开放有助于农业全要素生产率提升（王珏等，2010），因此把人均外商直接投资总额视为控制变量（见表6-1）。

表6-1   变量的定义及说明

变量	计算方法	数据来源
Q_{it}	CRITIC 方法测算的农业高质量发展指数	原始数据来自《中国农村统计年鉴》
TFP_{it}	随机前沿法	参考龚斌磊（2020）研究设置投入产出指标
BD_{it}	农村互联网普及率＝农村宽带接入户/农村常住人口	《中国统计年鉴》
m_{it}	劳均农作物播种面积＝农作物播种面积/农林牧渔从业人员	《中国农村统计年鉴》
sp_{it}	物质资本投资率＝（全社会固定资产实际投资额－数字固定资产实际投资额）/地区实际生产总值	《中国统计年鉴》其中地区生产总值和固定资产投资额是1978年为不变价的实际数值
sh_{it}	受教育水平＝从业人口中接受高中以上教育人数/从业总数	从业人口受教育数据来源于《中国人口和就业统计年鉴》
FDI_{it}	人均外商投资额＝外商直接投资总额/总人口	Wind 数据库
GDP_{it}	人均地区生产总值＝地区生产总值/总人口	《中国统计年鉴》
FIN_{it}	财政支农力度＝农林水事务支出总额/财政支出总额	《中国农村统计年鉴》
URB_{it}	城镇化率＝城镇常住人口/总人口	《中国统计年鉴》

6.3 数据来源和描述性统计

该部分主要从宏观层面针对农村互联网普及与农业高质量发展的关系展开分析，以我国30个省份为研究对象。同时，考虑到我国互联网高速发展及普及主要体现在2010年之后（袁淳等，2021），以2009～2020年为研究时期。实证检验使用的数据均来自《中国统计年鉴》《中国农村统计年鉴》，其中外商直接投资数据来自 Wind 数据库。表6-2是主要变量的描述性统计结果。结果显示，2009～2020 年我国农业高质量发展指数的平均值为 0.2793、标准差为 0.0437，表明不同地区间的农业高质量发展差异较小。农村宽带安装用户极值差别较大，说明我国不同地区的数字化渗透度存在较大差异。其余控制变量中，外商直接投资和财政支农支出也存在明显的差异。

表 6－2　　　　　　　　　变量的描述性统计结果

变量	观察值	平均值	标准差	最小值	最大值
Q_{it}	360	0.2793	0.0437	0.1981	0.5667
TFP_{it}	360	0.5628	0.1530	0.2460	0.9882
BD_{it}	360	0.1217	0.1175	0.0024	0.6294
sp_{it}	360	87.9507	32.9679	20.9447	209.5383
sh_{it}	360	35.1799	12.8779	12.7315	83.5133
m_{it}	360	6.7792	3.4412	2.0896	20.4248
FDI_{it}	360	78.5234	78.1522	0.0446	357.5956
GDP_{it}	360	52244.6900	27479.3000	10309.0000	164889.0000
FIN_{it}	360	494.5111	276.2459	57.8500	1339.3600
URB_{it}	360	0.5712	0.1273	0.2989	0.8960

6.4　实证检验与分析

6.4.1　农村互联网普及对农业高质量发展的替代效应

1. 农村互联网普及对农业高质量发展的直接影响

首先对农村互联网普及的替代效应进行估计分析，为比较分析实证结果，分别呈现静态面板模型和动态模型检验结果。从静态面板看，无论是随机效应还是固定效应模型，估计结果基本一致，豪斯曼检验显示选择 RE（1）和 FE（2）估计模型更好，且从 FE（1）、RE（1）到 FE（2）、

RE（2）的 R^2 依次增加，表明加入控制变量是必要的。从动态面板看，根据 AIC 阶数判断准则，加入农业高质量发展指数的滞后一期，其中动态模型的扰动项自相关检验表明不存在二阶自相关，表明系统 GMM 模型是适用的，针对工具变量过度识别检验，Sargan 结果不拒绝原假设，表明新增工具变量有效。整体而言，R^2 和 F 值显示所选择的解释变量对农业高质量发展有显著的解释力。

表 6 - 3 中列 FE（1）~ RE（2）结果显示，农村互联网普及率的系数均显著为正，表明在考察阶段内农村互联网普及对农业高质量发展有显著的正向作用，即具有明显的替代效应。从列 GMM（1）~ GMM（3）回归结果来看，农村互联网普及的系数在静态面板中大于动态面板模型结果，表明静态面板中农村互联网普及的作用被高估了，加入农业高质量发展的滞后项是有必要的。此外，在加入控制变量之后，模型结果基本稳定，故选择系统 GMM（3）模型回归结果进行分析。

表 6 - 3　　农村互联网普及对农业高质量发展的替代效应估计结果

变量	因变量 Q_{it}						
	静态				动态		
	FE(1)	RE(1)	FE(2)	RE(2)	GMM(1)	GMM(2)	GMM(3)
BD_{it}	0.2620 ***	0.2440 ***	0.2960 ***	0.2550 ***	0.1780 ***	0.1800 ***	0.2030 ***
	(0.0656)	(0.0566)	(0.0843)	(0.0728)	(0.0377)	(0.0588)	(0.0589)
$\ln sp_{it}$	0.0042	0.0075	0.0120 *	0.0047	/	-0.0106	-0.0054
	(0.0070)	(0.0057)	(0.0070)	(0.0062)		(0.0097)	(0.0122)
$\ln sh_{it}$	0.0236 ***	0.0172 ***	0.0445 *	0.0376 *	/	-0.0016	0.0051
	(0.0098)	(0.0070)	(0.0243)	(0.0195)		(0.0126)	(0.0242)
$\ln m_{it}$	0.0067	0.0244	0.0204	0.0299 **	/	0.0089	0.0153
	(0.0174)	(0.0121)	(0.0182)	(0.0125)		(0.0112)	(0.0118)
$\ln GDP_{it}$	/	/	0.0012	0.0098	/	/	0.0189
			(0.0181)	(0.0176)			(0.0238)
$\ln URB_{it}$	/	/	-0.1640	-0.0900	/	/	-0.0645
			(0.0966)	(0.0657)			(0.0622)

续表

变量	因变量 Q_{it}						
	静态				动态		
	FE(1)	RE(1)	FE(2)	RE(2)	GMM(1)	GMM(2)	GMM(3)
$\ln FIN_{it}$	/	/	0.0104 (0.0115)	0.0002 (0.0085)	/	/	-0.0073 (0.0089)
$\ln FDI_{it}$			0.0005 (0.0033)	0.0003 (0.0029)			0.0033 (0.0032)
$L_1 \cdot \ln Q_{it}$	/	/	/	/	0.6470*** (0.1460)	0.6410*** (0.1840)	0.5860*** (0.1680)
Cons	0.0927* (0.0499)	0.0709* (0.0371)	-0.2170 (0.2370)	-0.1600 (0.2110)	0.0673*** (0.0304)	0.0936 (0.0709)	-0.1510 (0.2340)
Hausman	6.430	15.337*	/	/	/		
Sargan			/	/	29.7564 (0.3750)	29.3576 (0.3946)	28.0900 (0.4597)
AR(1)	/	/	/	/	0.0002	0.0050	0.0049
AR(2)	/	/	/	/	0.3549	0.3262	0.4242
R^2	0.5755	0.5700	0.5980	0.5876	/	/	/
F/Wald	15.16***	82.45***	13.48***	99.31***	/	/	/
N	360	360	360	360	300	300	300

注：FE、RE 代表固定效应和随机效应模型，括号内数字代表标准误，*、**、*** 分别代表 10%、5% 和 1% 的显著水平，AR 显示的是 p 值，Sargan 检验结果的括号内数字代表 p 值，下同。

　　在系统 GMM（3）模型结果中，农村互联网普及率在 1% 的水平上显著为正，表明农村互联网普及显著推动农业高质量发展，替代效应为 0.2030，研究假设 H2.1 成立。该结果表明，农村互联网基础设施的不断普及将有效初级信息红利向农村地区的延伸，并结合农业生产经营主体的有效转化，最终推动农业投入和产出的结构性变化，实现质量效益的稳定提高，为打造农村产业新模式带来新的机会（郭永田，2016）。从农业高质量发展的滞后项看，一期滞后在 5% 的水平上显著为正，表明农业高质量发展具有滞后效应和长期累积效益，本质上是一种不断满足人民高层次需求的持久过程，并在原有增长水平上实现循序渐进的变革（张涛，

2020)。从其他生产要素来看，物质资本投资、人力资本投资和土地的直接影响均不显著，原因可能在于物质资本和人力资本均具有前期投资和培训等特征，现期投资很难直接对当期农业高质量发展产生作用，必须经历资本积累才有可能发挥有效促进作用，同样土地资源对农业生产发展的边际贡献有限，即便在技术支撑下，耕地质量的不均衡和自然损耗等问题依旧难以消除。

2. 基于时间趋势的数字技术替代效应

基于上述的回归分析结果，农村互联网普及对农业高质量发展有明显的替代效应，为更好反映替代效应的时间趋势特征，进一步刻画互联网信息技术对农业高质量发展直接影响的动态特征，以农村互联网普及率为核心解释变量，并加入其与年份的交互项，进行双向固定效应估计，估计结果如表6-4所示。

表6-4　　　　　农村互联网普及对农业高质量发展的时间趋势分析

因变量 Q_{it}			
BD_{it}	-0.3125	$BD_{it} \times Year2018$	0.4144**
$BD_{it} \times Year2010$	0.0465	$BD_{it} \times Year2019$	0.4976**
$BD_{it} \times Year2011$	0.0422	$BD_{it} \times Year2020$	0.5163**
$BD_{it} \times Year2012$	-0.0028	Cons	0.3162
$BD_{it} \times Year2013$	0.0454	控制变量	控制
$BD_{it} \times Year2014$	0.0714	时间效应	控制
$BD_{it} \times Year2015$	0.1758	个体效应	控制
$BD_{it} \times Year2016$	0.2644**	R^2	0.7320
$BD_{it} \times Year2017$	0.3112**		

自2016年以来，农村互联网普及率与时间的交互项均在1%显著水平上显著，且系数为正并逐年递增，该结果表明农村互联网普及对农业高质量发展的助推作用随时间趋势逐步增强，即农村互联网普及的替代效应逐年递增。根据相关数据统计，2016年我国农村互联网普及率突破30%。农

村网民规模突破 2 亿人（中国互联网络信息中心，2017），农村互联网基础设施建设不断增强，网络终端产品不断丰富，数字基建的普及逐渐发挥实效，且促进非网民上网的主要因素中方便与家人亲属沟通和提供免费上网培训指导排在前两位（中国互联网络信息中心，2021），从某种程度上说，精神满足和技能提升都能提升农业经营者的生产效率和管理效能，有助于推动农业高质量发展。

6.4.2 农村互联网普及对农业高质量发展的协同效应

1. 农村互联网普及对农业高质量发展的交互作用

单个生产要素对综合产出具有显著促进作用之外，要素之间也会产生替代和协同作用。当投入的要素存在重叠或者多余的时候，往往不能够有效增加农业综合产出，要素之间的相互协同将会缩小不合理区间，有效赋能经济产出增加（Brynjolfsson et al.，2013）。两种要素之间的互补特征能够创造新的产值，究竟互联网信息技术对其他要素的协同效应如何，在面板数据基础模型之上，分别加入农村互联网普及与其他要素的交互项，来检验相关要素在农村互联网普及影响农业高质量发展中的调节作用，也即协同效应。相关回归结果如表 6-5 所示。

表 6-5　　　　农村互联网普及对农业高质量发展的协同效应估计结果

变量	因变量 Q_{it}					
	FE（1）	RE（2）	FE（3）	RE（4）	FE（5）	RE（6）
BD_{it}	0.0277 (0.0514)	0.0494 (0.0449)	0.2980 *** (0.0856)	0.2640 *** (0.0774)	0.0294 (0.0542)	0.0588 (0.0468)
$\ln sp_{it}$	0.0094 (0.0088)	0.0128 * (0.0075)	0.0117 (0.0069)	0.0050 (0.0062)	0.0091 (0.0088)	0.0128 * (0.0074)
$\ln sh_{it}$	0.0584 *** (0.0212)	0.0423 *** (0.0164)	0.0491 * (0.0268)	0.0424 ** (0.0212)	0.0633 *** (0.0223)	0.0455 ** (0.0177)
$\ln m_{it}$	0.0242 (0.0157)	0.0331 *** (0.0114)	0.0312 (0.0198)	0.0386 *** (0.0121)	0.0356 * (0.0183)	0.0391 *** (0.0114)

续表

变量	因变量 Q_{it}					
	FE（1）	RE（2）	FE（3）	RE（4）	FE（5）	RE（6）
$BD_{it} \times \ln sh_{it}$	0.5640*** （0.1830）	0.4900*** （0.1630）	/	/	0.5650*** （0.1840）	0.4800*** （0.1610）
$BD_{it} \times \ln m_{it}$	/	/	−0.0688 （0.0830）	−0.0900 （0.0707）	−0.0726 （0.0694）	−0.0578 （0.0534）
$Cons$	0.0813 （0.2330）	−0.0238 （0.1920）	−0.1080 （0.1970）	−0.0271 （0.1820）	0.1812 （0.2180）	0.0798 （0.1750）
控制变量	控制	控制	控制	控制	控制	控制
N	360	360	360	360	360	360
R^2	0.6870	0.5796	0.6020	0.5937	0.6910	0.6872

在此处回归检验中，认为农村互联网普及对物质资本有高度依附性，互联网基础设施是信息传输的载体，互联网信息技术的高速发展有赖于对数字基建的大规模投资，假定互联网信息技术与物质资本具有天然的协同效应。在表 6 - 5 模型（1）~模型（6）中主要检验农村互联网普及与人力资本和土地资源的协同作用，如回归结果所示，农村互联网普及与受教育水平具有显著的正向协同作用，协同效应为 0.4800，即研究假设 H2.2 成立，但与土地资源的协同效应并不显著，可能存在以下原因解释。

第一，互联网信息技术在本质上就对人力资源提出较高要求，无论是开发研用还是普及应用，均对开发者和使用者的受教育水平设定门槛，如有关研究所述，农业信息化与农村人力资本具有较高的耦合协调度（韩海彬等，2017），只有人力资本提高到一定水平，信息化对农业全要素生产率的扩散或溢出效应才得以发挥（朱秋博等，2019）。此外，使用者的教育和信息素养也决定了对数字技术的运用，若单方面接收信息、享受碎片化娱乐，无法有效利用数字信息的知识红利，便不能有效发挥互联网信息技术对农业产出的促进作用。

第二，土地规模的扩大对劳动生产率有正向作用（钱龙等，2016），但对土地产出率影响不显著，这主要存在地块土壤质量和面积偏差（王建英等，2015），这是从生态基底方面对数字技术与劳均土地规模协同作用发挥的硬性约束，另外，农业生产耕作并不像工业化机械生产一样，农作物的生命规律决定农业生产具有经济和自然双重属性，农业经营者必须对播种、施肥和浇灌等各个生产环节负责，而土地规模扩大对技术采纳和用工需求均有所增长（张海霞等，2020），势必存在技术损耗和雇工道德风险问题，因此农业产出效率未必理想（赵晓峰等，2019）。

2. 基于受教育资本的门槛效应检验

基于前一小节的回归分析结果，受教育水平在农村互联网普及对农业高质量发展的影响中有协同效应，进一步探究受教育水平在这一影响过程是否具有门槛效应，达到怎样的水平农村互联网普及会对农业高质量发展产生显著影响。为此，在农村互联网普及与农业高质量发展的基准回归模型中，加入受教育水平作为门槛变量。在回归检验之前，以农业高质量发展指数为被解释变量，对全国 30 个省份的受教育水平是否存在门槛值分别进行估计，借鉴汉森（Hansen，1999）的做法得出检验统计量对应的 P 值，检验结果如表 6－6 所示。

表 6－6　　　　　　　受教育水平的门槛值检验

门槛值	F 值	P 值	Bootstrap	10% 临界值水平	5% 临界值水平	1% 临界值水平	95% 的置信区间
39.8000	153.95	0.0000	1000	30.8394	42.0708	69.7052	(39.3287, 39.9000)
49.0095	42.94	0.0240	1000	27.3434	35.6224	64.7685	(48.6653, 49.3700)

由表 6－6 可知，当受教育水平为门槛变量，两个门槛变量均在 5% 的水平上显著，即 P 值均小于 0.05，因此模型中存在两个门槛值，接下来通过门槛值图示方法检验门槛值的有效性。

与表 6－6 相对应，根据门槛模型原理，图 6－1 为全国 30 个省份 2 个门槛估计值 39.8000% 和 49.0095% 在 95% 置信区间下的似然比函数，因其低于虚线临界值，可以认为上述门槛值是真实有效的。

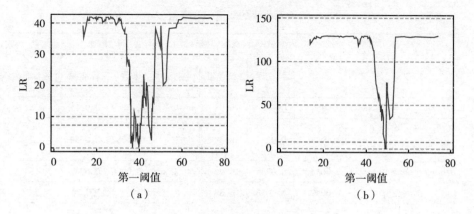

图6-1 受教育水平门槛值有效性检验

上述分析验证了受教育水平门槛值的存在及有效性，认为应该在基准模型的基础上转变为双重门槛模型，进一步估计在受教育水平为39.8000%和49.0095%区间中，农村互联网普及对农业高质量发展的影响。如表6-7所示，当受教育水平低于39.8000%时，农村互联网普及对农业高质量发展的影响并不显著，但在高于39.8000%时，农村互联网普及的正向作用变得显著，且在高于49.0095%时，这种正向影响力度进一步增强。可见，农村互联网普及是否显著促进农业高质量发展，要受到受教育水平的制约，且随受教育水平的提升而逐步增强，这与韩海彬等（2015）发现基本一致，故研究假设 H2.3 成立。究其原因，一方面农业生产经营主体是信息技术的目标对象和应用者，具备较高的受教育水平的农业生产经营者，能够充分利用和整合信息资源并应用到农作物耕种收等环节，将互联网信息红利有效转化为生产效率提升，互联网红利的发挥需要更高水平的人力资本与之相适应；另一方面农业生产经营者也是农业农村数字化主要的塑造主体，人力资本成长回报将高于物化资本所得，伴随劳动者的数字素质涵养、社会关系网络扩张，分享经济、共享经济进一步得到发展，有助于推动农业农村资源的高效配置和产品信息的交换，并推进人力资源的高素质化、多职业化，因此互联网应用将提升农村人力资本的多维提升。

表 6 - 7   受教育水平的双重门槛模型

因变量 Q_{it}：双重门槛模型							
变量	系数	标准误	t 统计量	变量	系数	标准误	t 统计量
$BD_{it} \times I\ (sh_{it} \leq 39.8000)$	0.0859	0.0287	2.98	$\ln GDP_{it}$	-0.0069	0.0115	-0.61
$BD_{it} \times I\ (39.8000 < sh_{it} \leq 49.0095)$	0.1937 ***	0.0231	8.39	$\ln URB_{it}$	0.0082	0.0354	0.23
$BD_{it} \times I\ (sh_{it} > 49.0095)$	0.4054 ***	0.0239	16.95	$\ln FDI_{it}$	0.0008	0.0023	0.34
$\ln sp_{it}$	0.0049	0.0056	0.88	F	100.73		
$\ln m_{it}$	0.0125	0.0085	1.47	R^2	0.7385		
$\ln FIN_{it}$	0.0225	0.0067	3.36	N	360		

6.4.3   农村互联网普及对农业高质量发展的渗透效应

互联网信息技术的渗透效应主要体现在信息通信技术使用部门的全要素生产率提升，而各使用部门全要素生产率的提升最终带来宏观层面的全要素生产率提升（蔡跃洲等，2015），进而实现高质量发展。由于影响农业全要素生产率的因素较为复杂，仅就农村互联网普及与农业全要素生产率的主要关系进行讨论，尝试运用静态和动态面板数据模型检验上述传导机制的存在，从而检验农村互联网普及的渗透效应是否存在。

如表 6 - 8 回归结果所示，运用随机效应、固定效应和系统 GMM 模型进行分项讨论，旨在揭示农村互联网及其资本积累对农业高质量发展的影响。豪斯曼检验结果显示，应该使用 RE（1）、RE（2）和 FE（3）模型进行相应解释。由于农业全要素生产率与各项要素资本投入有着双向因果关系（蔡跃洲等，2015），为解决内生性问题，加入农业全要素生产率的一阶滞后，并把物质资本和人力资本视为内生变量，以其二阶和三阶滞后项为工具变量进行系统 GMM 模型回归，其中扰动项自相关检验显示不存在二阶自相关，表明系统 GMM 模型可以适用，对工具变量过度识别检验发现，所有工具变量均有效，模型结果具有一定的可信度。

表 6 – 8　　　　　　　农村互联网普及对农业全要素生产率的估计结果

变量	因变量 TFP_{it}						
	FE (1)	RE (2)	FE (3)	RE (4)	FE (5)	RE (6)	GMM (7)
BD_{it}	0.0283 *** (0.0039)	0.0283 *** (0.0039)	/	/	0.0205 *** (0.0043)	0.0204 *** (0.0043)	0.0030 *** (0.0096)
$L.BD_{it}$	/	/	0.0265 *** (0.004)	0.0264 *** (0.0040)	/	/	/
$L.\ln sp_{it}$	/	/	/	/	0.0010 * (0.0019)	0.0010 ** (0.0019)	/
$L.\ln sh_{it}$	/	/	/	/	0.0022 *** (0.0001)	0.0023 *** (0.0001)	/
$L.TFP_{it}$	/	/	/	/	/	/	0.9950 *** (0.0382)
$Cons$	0.4330 *** (0.0335)	0.4330 *** (0.0479)	0.4090 *** (0.0347)	0.4090 *** (0.0480)	0.4190 *** (0.0352)	0.4190 *** (0.0459)	0.0044 *** (0.0061)
控制变量	控制	控制	控制	控制	控制	控制	控制
Hausman	6.819	7.092	16.839 **				
AR (1)	/	/	/	/	/	/	0.0053
AR (2)	/	/	/	/	/	/	0.1560
Sargan	/	/	/	/	/	/	27.6486 (0.4832)
R^2	0.9320	0.9317	0.9320	0.9319	0.9370	0.9369	/
N	360	360	330	330	330	330	330

　　从核心解释变量来看，所有模型均显示农村互联网普及率对农业全要素生产率有显著的正向作用，这与李谷成等（2021）的研究发现基本一致，农村互联网普及对农业高质量发展具有渗透效应，为 0.0030，即研究假设 H2.4 成立。主要原因在于互联网信息技术能够对劳动投入形成部分替代，也正因如此，互联网信息技术的应用会重塑生产经营结构、增强信息流通性和产品营销半径，大大提升组织、生产和交易效率（乔晓楠等，2018）。并且 FE（3）和 RE（4）结果均显示农村互联网普及的滞后期均显著为正，表明互联网资本积累对农业全要素生产率具有显

著正向作用，原因在于互联网资本红利显现需要时间，且互联网信息技术应用要求相匹配的基础设施、人力资本、制度环境等（Brynjolfsson et al.，2017）。

从生产要素的滞后项看，物质资本和人力资本的滞后一期均对农业全要素生产率提升具有显著的正向作用，与杨文举（2006）研究结论一致，资本深化对生产率提升较为明显。表明提高农业全要素生产率，除了要素的直接作用外，还有要素积累贡献，物质资本和人力资本积累对生产效率产生递增效益，当技术进步增长遇到瓶颈时，农业全要素生产率的增长可能越来越依赖于要素投入（匡远凤等，2012）。表 6 - 8 中系统 GMM（7）模型显示，在考虑内生性问题之后，农村互联网普及率的回归结果依然显著，与上述分析结果有强烈的一致性，农业全要素生产率的一阶滞后也显著为正，说明提高农业全要生产率是一个长期自我强化的过程，集中体现为技术创新能力、资源利用效率和产业竞争力的动态积累（李谷成，2009）。

6.5 异质性分析

基于我国农业农村现代化水平存在区域差异以及结构同质化（辛岭等，2021），将分别从地理分区和粮食产区①进行区域异质性分析，以期解释农村互联网普及对农业高质量发展的区域差异，为差异化推进农业高质量发展提供借鉴。

---

① 粮食主产区包括黑龙江、吉林、辽宁、内蒙古、河北、河南、山东、江苏、安徽、江西、湖北、湖南、四川 13 个省份；粮食主销区包括北京、天津、上海、浙江、福建、广东、海南 7 个省份；产销平衡区包括内蒙古、山西、重庆、贵州、云南、西藏、陕西、甘肃、青海、宁夏、新疆 11 个省份。

东部地区包括北京、天津、河北、辽宁、上海、江苏、浙江、福建、山东、广东、广西、海南 12 个省份；中部地区包括山西、内蒙古、吉林、黑龙江、安徽、江西、河南、湖北、湖南 9 个省份；西部地区包括重庆、四川、贵州、云南、西藏、陕西、甘肃、宁夏、青海、新疆 10 个省份。

6.5.1 基于地理分区的异质性分析

如表6-9所示，从东部地区看，农村互联网普及对农业高质量发展具有显著的推动作用，主要原因在于东部地区经济发展基础条件优越，数字基建的投资规模和扩张速度均大幅提升，互联网信息搭载网络设施渗入农业农村领域，有助于农产品供需两端的信息对接，同时东部地区农村居民受教育水平和从业者的数字素养较高，能够有效转化数字信息为生产效益；而中部和西部地区，农村互联网普及对农业高质量发展的推动作用并不显著，主要原因可能是互联网基础资源较为匮乏，相关数据指出，西部地区的IPv4地址比例平均在1%以下（中国互联网络信息中心，2021），网络设施的落后在一定程度上限制了互联网红利的延伸，因此农村互联网普及对农业高质量发展的推动作用尚未显现。

表6-9 东中西地区农村互联网普及对农业高质量发展的影响

变量	因变量 $\ln Q_{it}$					
	东部		中部		西部	
	FE	RE	FE	RE	FE	RE
$\ln BD_{it}$	0.5060 ***	0.3840 ***	0.0309	-0.0267	-0.0223	-0.0097
	(0.1550)	(0.1370)	(0.0516)	(0.0425)	(0.022)	(0.0329)
$\ln sp_{it}$	-0.0067	-0.0025	0.0219 ***	0.0227 ***	-0.0030	0.0017
	(0.0169)	(0.0175)	(0.0034)	(0.0052)	(0.0106)	(0.0118)
$\ln sh_{it}$	0.0741	0.0899 **	0.0233	0.0104	0.0235	0.0192
	(0.0458)	(0.0422)	(0.0168)	(0.0142)	(0.0225)	(0.0180)
$\ln m_{it}$	0.0659 **	0.0511 *	0.0495 **	0.0493 ***	0.0179	0.0170
	(0.0282)	(0.0300)	(0.0138)	(0.0088)	(0.0135)	(0.0119)
$\ln GDP_{it}$	-0.0288	0.0078	0.0071	0.0212 *	-0.0362	-0.0366
	(0.0268)	(0.0260)	(0.0141)	(0.0112)	(0.0263)	(0.0270)
$\ln URB_{it}$	-0.3940 **	-0.2340 **	0.0051	0.0091	0.2160 **	0.1530 **
	(0.1630)	(0.1310)	(0.0353)	(0.0545)	(0.0848)	(0.0698)

续表

变量	因变量 $\ln Q_{it}$					
	东部		中部		西部	
	FE	RE	FE	RE	FE	RE
$\ln FIN_{it}$	0.0192 (0.0243)	0.0081 (0.0194)	0.0081 (0.0102)	0.0163 *** (0.0038)	0.0018 (0.0046)	0.0023 (0.0044)
$\ln FDI_{it}$	0.0203 ** (0.0125)	0.0138 (0.0127)	0.0049 ** (0.0020)	− 0.0094 *** (0.0028)	− 0.0018 (0.0046)	− 0.0023 (0.0044)
Cons	− 0.2490 (0.3070)	− 0.4290 (0.3160)	0.0015 (0.1590)	− 0.2110 (0.1470)	0.6550 * (0.3290)	0.5280 * (0.3050)
R^2	0.7080	0.6974	0.7510	0.7234	0.7170	0.7065
N	132	132	96	96	132	132

6.5.2 基于粮食分区的异质性分析

从粮食主销区看，农村互联网普及对农业高质量发展有明显的推动作用，主要因为粮食主销区分布在东部沿海地区大城市，得益于数字经济发展所需资源集聚优势，二三产业比重较大，对农业的溢出和拉动作用比较强。粮食主产区中，农村互联网普及对农业高质量发展表现出明显的正向作用，表明互联网渗透可以让农业生产者接触到更为广泛的技术信息和政策知识，有助于提高农产品生产效率。而产销平衡区多属于中西部地区，与上一小节回归结果一致，互联网的助推作用并未显现（见表 6 - 10）。

表 6 - 10　　　　　　粮食产区农村互联网普及对农业高质量发展的影响

变量	因变量 Q_{it}					
	粮食主产区		粮食主销区		产销平衡区	
	FE	RE	FE	RE	FE	RE
BD_{it}	0.2890 *** (0.0486)	0.2430 *** (0.0537)	0.7640 *** (0.0872)	0.4170 *** (0.0996)	− 0.0040 (0.0323)	0.0097 (0.0399)
$\ln sh_{it}$	0.0143 *** (0.0041)	0.0135 *** (0.0042)	− 0.1290 * (0.0567)	− 0.0221 * (0.0121)	0.0116 (0.0077)	0.0126 (0.0083)

续表

变量	因变量 Q_{it}					
	粮食主产区		粮食主销区		产销平衡区	
	FE	RE	FE	RE	FE	RE
$\ln sp_{it}$	0.0402 **	0.0353 **	0.1180 *	0.1210 ***	0.0243	0.0116
	(0.0162)	(0.0170)	(0.0583)	(0.0338)	(0.0256)	(0.0188)
$\ln m_{it}$	0.0233	0.0321 **	0.1120 ***	0.1210 ***	0.0040	0.0090
$\ln GDP_{it}$	− 0.0421 **	− 0.0312 *	0.00963	0.0727 **	− 0.0309	− 0.0269
	(0.0169)	(0.0186)	(0.0426)	(0.0330)	(0.0274)	(0.0270)
$\ln URB_{it}$	− 0.0916	− 0.0147	− 0.466	− 0.488 ***	0.2280 **	0.1640 **
	(0.0535)	(0.0536)	(0.293)	(0.0983)	(0.0839)	(0.0705)
$\ln FIN_{it}$	0.0196 **	0.0059	− 0.0260	− 0.0362 ***	− 0.0107	0.0047
	(0.0087)	(0.0081)	(0.0207)	(0.0127)	(0.0111)	(0.0086)
$\ln FDI_{it}$	− 0.0005	− 0.0040	0.0291 **	0.0229 **	− 0.0016	− 0.0007
	(0.0035)	(0.0035)	(0.0100)	(0.0092)	(0.0042)	(0.0043)
Cons	0.2360	0.2770	− 0.2690	− 1.2800 ***	0.6360 *	0.4850
	(0.1710)	(0.1960)	(0.6090)	(0.3520)	(0.3380)	(0.3130)
R^2	0.7860	0.7780	0.7450	0.6617	0.6980	0.6903
N	156	156	84	84	120	120

6.6 内生性讨论

　　针对可能存在的内生性问题，可能存在原因及解决方案如下：（1）遗漏变量。在模型设定过程中，尽可能将影响农业高质量发展的社会经济方面的因素加入模型，在一定程度上有效降低遗漏变量的影响。（2）因果关系问题。事实上，农业高质量发展水平的不断提升，可能会倒逼数字技术的应用和升级。对于该问题，借鉴相关研究以离婚率作为工具变量进行相应估计（程名望等，2019），结果显示与前述章节的结果方向一致（见表6-11）。再进一步把农村互联网普及率视为内生变量，加入其一阶滞后项作为工具变量进行动态模型回归。GMM（1）和GMM（2）模型均显示

农村互联网普及率对农业高质量发展有显著的正向影响，主要研究结论依
然成立，数字资本积累对农业高质量发展具有显著推动作用。

表 6–11　　　　　　　农村互联网普及对农业高质量发展问题的内生性检验

| | | | | 因变量 Q_{it} | | | |
变量	IV(1)	GMM(1)	GMM(2)	变量	IV(1)	GMM(1)	GMM(2)
BD_{it}	0.2000 ***	0.0978 ***	0.1289 *	控制变量	/	/	控制
	(0.0569)	(0.0635)	(0.0696)	AR（1）	/	0.0026	0.0018
$L.\,Q_{it}$	/	0.9054 ***	0.8419 ***	AR（2）	/	0.3839	0.4203
		(0.2350)	(0.2339)	$Sargan$	/	29.1794	28.4706
				AR（2）	/	0.9808	0.9851
$\ln sp_{it}$	0.0100 **	– 0.0076	– 0.0075	$Kleibergen - Paap\ rk\ LM\ statistic$	39.7070 (0.0000)	/	/
	(0.0045)	(0.0122)	(0.0171)				
$\ln sh_{it}$	0.0172	0.0007	0.0084	$Kleibergen - Paap\ rk\ Wald\ F\ statistic$	50.3480 (16.3800)	/	/
	(0.0143)	(0.0148)	(0.0453)				
$\ln m_{it}$	0.0364 ***	0.0002	0.0110	N	360 /	330 /	330 /
	(0.0058)	(0.0202)	(0.0187)				
$Cons$	0.0433	0.0480	– 0.2840	/	/	/	/
	(0.0503)	(0.0804)	(0.3140)				

6.7　稳健性检验

进一步运用熵值法重新计算农业高质量发展指数（q_{it}），并替代 CRITIC
方法测算的农业高质量发展指数进行稳健性检验，分别对上述主要研究结
论进行验证（见表 6–12）。回归结果显示，FE(1) 和 RE(2) 均表明农村
互联网普及率对农业高质量发展具有显著正向影响，系统 GMM（3）模型
加入其滞后项之后，结果依然成立，表明模型估计结果相对比较稳健。同
样，在加入要素交互项的 FE(4) 和 RE(5) 模型中，农村互联网普及率和
受教育水平的协同效应显著，与前文的实证结论基本一致。综合而言，经

农村互联网普及对农业高质量发展的影响：宏观层面

过重新测算农业高质量发展指数，前文回归结果均得以验证。

表 6 – 12　　　农村互联网普及对农业高质量发展影响的稳健性检验

变量	因变量 q_{it}				
	FE（1）	RE（2）	GMM（3）	FE（4）	RE（5）
BD_{it}	0.2860 ***	0.2500 ***	0.0832 ***	0.0628	0.0477
	（0.0877）	（0.0803）	（0.0135）	（0.0617）	（0.0538）
$\ln sp_{it}$	0.0121	0.0001	0.0061 ***	0.0100	0.0074
	（0.0073）	（0.0066）	（0.0012）	（0.0086）	（0.0073）
$\ln sh_{it}$	0.0500 *	0.0468 **	– 0.0083 **	0.0616 **	0.0509 ***
	（0.0267）	（0.0222）	（0.0036）	（0.0247）	（0.0166）
$\ln m_{it}$	0.0317 *	0.0405 ***	0.0130 ***	0.0348	0.0441 ***
	（0.0180）	（0.0134）	（0.0028）	（0.0211）	（0.0152）
$L. q_{it}$	/	/	1.0010 ***	/	/
			（0.0274）		
$BD_{it} \times \ln sh_{it}$	/	/	/	0.4690 *	0.4730 **
				（0.2340）	（0.1990）
$Cons$	– 0.5730 **	– 0.4730 **	– 0.3730 ***	– 0.2750	– 0.2990
	（0.2390）	（0.2240）	（0.0328）	（0.2320）	（0.2040）
控制变量	控制	控制	控制	控制	控制
AR（1）	/	/	0.0035	/	/
AR（2）	/	/	0.2135	/	/
$Sargan$	/	/	24.6478	/	/
			（0.4832）		
R^2	0.704	0.6904	/	0.7520	0.7502
N	360	360	330	360	360

6.8　研究结论

　　首先，农村互联网普及对农业高质量发展有显著的正向促进作用，存在替代效应，且替代效应随时间趋势逐步增强。其次，在加入要素交互项之后，结果表明农村互联网普及对农业高质量发展的助推作用存在受教育水平的调节，进一步分析发现受教育水平在农村互联网普及对农业高质量发展影响中具有双重门槛效应，只有在受教育水平高于第一门槛时，农村互联网普及才对农业高质量发展具有显著正向影响，且随着受教育水平的提升，正向促进作用明显增强。最后，以农业全要素生产率为因变量建立面板数据回归，结果发现农村互联网普及对农业全要素生产率有显著影响，表明农村互联网普及对农业高质量发展具有渗透效应。同时互联网资本、物质资本和人力资本积累对农业全要素生产率具有明显的正向作用，表明长期来看资本深化有助于农业高质量发展。此外，农业全要素生产率的一阶滞后系数显著为正，表明提高农业全要素生产率是一种自我强化过程。

为深化研究，分别从地理分区和粮食分区探讨数字技术对农业高质量发展影响的异质性，分析发现东部地区和粮食主销区、主产区的农村互联网普及对农业高质量发展有显著的正向影响，中西部地区和产销平衡区互联网红利尚未显现，表明互联网红利可能受到基础设施建设和地理区位因素影响。为保证以上分析的可靠，对模型内生性和稳健性问题进行检验，回归结果与上述分析高度一致。

综上所述，本书从宏观层面验证了农村互联网普及对农业高质量发展的替代效应、协同效应和渗透效应的存在，那么在微观实践中是否存在着农户行为和认知上的差异？带着这些疑问我们将开启第 7 章的分析。

农村互联网普及对农业高质量
发展的影响：微观层面

互联网信息技术决定交换双方能够突破时空约束，将物化信息转化为虚拟信息跨越时空距离传递给使用者。互联网所集聚的社会网络和经济生态成为新的社会生产组织形态，即将数以万计的服务商家和消费者联系到一起，不同群体之间形成自发聚散的柔性共同体（裴长洪等，2018），不断挖掘与创造新的经济产出。截至2021年6月，我国农村网民总量达到2.97亿人，农村居民不仅享受数字时代带来的生活与生产便捷，更有选择性地将数字信息应用到实际农业生产活动中。农业高质量发展聚焦农户视角，便是农业全要素生产率的稳定提升（王璐等，2020），基于前述章节分析，农村互联网普及对农业高质量发展的宏观逻辑基本厘清，那么微观农户实践中又存在何种差异？为此，利用2018年CFPS调研数据，以741户农户的农业全要素生产率为研究对象，选取是否使用电子设备上网、使用互联网进行网络活动频率和互联网作为信息获取渠道的重要性评价为核心解释变量，进一步探究农村互联网普及对农户农业全要素生产率影响的微观机制，旨在从农户角度深化与佐证农村互联网普及对农业高质量发展影响的宏观研究。

7.1 数据说明

中国家庭追踪调查（China Family Panel Studies，CFPS）由北京大学中国社会科学调查中心于 2010 年正式开展访问的连续性和大规模的调研项目，涵盖 25 个省份的 16000 户样本农户。主要研究互联网使用状况对农户农业全要素生产率的影响，为此以 2018 年中国家庭追踪调查数据库为基础，经过对核心研究变量的筛选，最终样本包括 741 户从事农业生产的农户。

7.2 模型设定和变量描述

为检验互联网使用对农户农业全要素生产率的关系，构建如下基准模型：

$$FTFP_i = \alpha_0 + \beta_1 Inter_i + \gamma Z_{ij} + \varepsilon_i \tag{7.1}$$

其中，被解释变量 $FTFP_i$ 为农户农业全要素生产率，i 代表第 i 个农户，$Inter_i$ 为核心解释变量，反映农户对互联网的使用和认知情况，根据 CFPS 2018 问卷设置是否使用互联网（$Inter\_Whether$）和互联网使用频率（$Inter\_freq$）两个指标反映农户的互联网使用情况。其中是否使用互联网通过向农户询问"是否使用电子设备上网"获得，农户回答"是"和"否"分别赋值 1 和 0，互联网使用频率通过向农户询问"您使用互联进行网络活动的频率"获得，依据使用频率分别赋值 1 ~ 6，此外，农户对互联网重要性认知对数字信息获取与应用具有重大影响，加入互联网认知指标，通过向农户询问"您对互联网作为信息渠道的重要程度评价"，依据重要程度分别赋值 1 ~ 5。Z 为一组影响农户农业全要素生产率的控制变量，主要控制了农户性别（$Gender$）、年龄（Age）、受教育水平（Edu）、家庭人口规模（*Fml_count*）、家庭人均纯收入（*Fincome_per*）和被调查人所在地是否为城镇（*Urban*）。表7－1显示了变量定义与描述性统计。

表7－1　　　　　　　　　　变量的定义和描述性分析结果

变量	变量定义及描述				
	平均值	标准差	最小值	最大值	
被解释变量 *FTFP_FRO*	0.1450	0.1970	0.0001	0.9097	
FTFP_OLS	2.6014	8.5731	－9.5795	12.5944	
FTFP_FE	1.6332	8.5802	－12.5029	11.2019	
核心解释变量 *Inter_Whether*	是否使用电子设备（包括移动和电脑设备）上网（否＝0，是＝1）				
	Inter_Whether = 0		*Inter_Whether* = 1		
	528（71.26）		213（28.74）		
Inter_freq	使用互联网络进行商业活动（如使用网银、网上购物）的频率（从不或几个月一次＝1，一月一次＝2，一月2～3次＝3，一周1～2次＝4，一周3～4次＝5，几乎每天＝6）				
	Inter_freq = 1	*Inter_freq* = 2	*Inter_freq* = 3	*Inter_freq* = 4	*Inter_freq* = 5	*Inter_freq* = 6
	662（89.34）	21（2.83）	26（3.51）	18（2.43）	3（0.40）	11（1.48）
Inter_cogn	互联网作为信息渠道的重要程度评价（非常不重要＝1，不重要＝2，一般＝3，重要＝4，非常重要＝5）				
	Inter_cogn = 1	*Inter_cogn* = 2	*Inter_cogn* = 3	*Inter_cogn* = 4	*Inter_cogn* = 5
	393（53.04）	67（9.04）	111（14.98）	61（8.23）	109（14.71）
控制变量 *Urban*	被调查人所在地是否为城镇（乡村＝0，城镇＝1）				
	Urban = 0 556（75.03）		*Urban* = 1 185（24.97）		
Age	年龄				
	16≤*Age*<40 132（17.81）		40≤*Age*<60 335（45.21）		60≤*Age*<83 274（36.98）
Edu	受教育程度（文盲或半文盲＝1，小学＝2，初中＝3，高中或职高＝4，本科或大专＝5）				
	Edu = 1	*Edu* = 2	*Edu* = 3	*Edu* = 4	*Edu* = 5
	274（36.98）	219（29.55）	195（26.32）	47（6.34）	6（0.81）

续表

变量		变量定义及描述				
		平均值	标准差	最小值	最大值	
控制变量	Gender	性别（女=0，男=1）				
		Gender=0 490（66.13）		Gender=1 251（33.87）		
	Fml_count	家庭规模				
		Fml_count≤4 386（52.09）		Fml_count≥5 355（47.89）		
	Fincome_per	家庭人均纯收入				
		Fincome_per≤5000 175（23.62）		5000<Fincome_per≤15000 358（48.31）		Fincome_per>15000 208（8.07）

注：农户农业全要素生产率分别采用随机前沿法（*FTFP_FRO*）、普通最小二乘法（*FTFP_OLS*）和固定效应法（*FTFP_FE*）测得（需要特别说明的是此处固定效应指控制省份效应的普通回归），以农副产品总产值为产出，中间品投入包括种子化肥农药费、雇工费、机器租赁费、饲料费、灌溉费、种畜鱼苗费以及其他费用，资本投入包括农用机械总值。表格括号内数字表示占比情况。

由表 7-1 可知，农户农业全要素生产率两极分化比较严重，平均全要素生产率偏低。有 28.74% 的农户使用电子设备上网，使用互联网进行网络活动的频率为从不或几个月一次的占比达 89.34%，表明农户使用互联网及其应用程度都相对较低，但大部分农户认为互联网作为获取信息的渠道比较重要。从样本农户的基础信息看，40 周岁以上的农户占比达 82.19%，初中及其以下受教育水平的占比达 92.85%，这与当前农村老龄化现状基本一致，互联网受用群体的数字素养并不理想。此外，家庭人口规模在 4 人以下的占比达 52.09%，人均纯收入在 5000 元以下的占比达 23.62%，中低收入群体占比较高。

⑦.③ 实证结果及分析

为保证研究结果的可信度和稳健性，通过三种方法计算农户农业全要素生产率，尝试讨论农户的互联网使用和认知情况对其影响，旨在探究农户的互联网选择差异和行为对农业高质量发展的影响差异。

7.3.1　农户互联网行为差异对农业全要素生产率的直接影响

首先，对农户是否使用互联网和农户农业全要素生产率的关系进行检验，回归结果均显示，农户使用互联网对农业全要素生产率具有显著的正向作用。截至 2021 年 6 月，我国使用手机上网的网民比例达 99.6%，相比于未上网的农户，上网农户能够接触到跨越时空的生产知识和政策信息，同时借助网络能够联系农用机械进行耕种收，从而不耽误农作物的最佳收割和播种时机，此外，农户通过互联网将街头聊天转移为远程线上群聊，自发形成专业化的社会关系网络（打工群、广场舞群、农机具群等），学习与分享养生常识、健身短视频和时政新闻等，从某种程度上说，互联网使得农户群体更加专业化、精神生活更加丰富化，生活半径由"村庄趣事"向"社会时事"不断延伸，沉浸式体验网络呈现的多样式、阳光化的现代生活，农业劳动力更足、更加向往健康休闲生活，农业劳动生产率不仅得以提升，农户自身涵养也得以内化与拓展。

其次，利用互联网使用频率进一步验证互联网使用对农户农业全要素生产率的影响，模型结果表明农户使用互联网进行网络活动频率越高，越有利于农业全要素生产率提升。从这个角度理解数字技术的助推作用，不难发现使用互联网进行工作、学习和交易的确降低了中间成本，供需双方直接通过互联网信息技术进行交流，降低信息不对称带来的不必要支出，双方的生产和经营效率有效提升（裴长洪等，2018）。对于农户而言，借助网购平台购买小型农机具、生产设施维护工具（棚膜、润滑油）更加方便，"村村通"快递建设也大幅度提高农户的网购意愿，且农业生产资料供应部门的线上宣传和支付优惠模式，除实现需求方规模经济之外，也不断更新农户化肥、农药的使用知识，一定意义上有助于耕地质量维护。

最后，上述分析均基于农户自身的行为差异，而其主观的认知差异将直接导致农户应用互联网的意愿。为此，利用互联网重要性评价验证互联网认知对农业全要生产率的影响，有助于深入了解农户数字涵养对农业全要素生产率的影响。结果显示，认为互联网作为信息获取越重要的农户，其农业全要素生产率越高。如果从三元交互决定论理解这一发现其实不难，人的认知、行为和所处环境是一种双向互动关系（Bandura，1971）。也就是说，当农户对于互联网的认知程度比较高时，农户不自觉地复制网络行为应用于实践，进而将虚拟的互联网环境搬运到现实生活之中，也即农户借助互联网了解到农业生产投入、农机具维修和特色农畜产品养殖，应用到实际的农业生产经营之中，大大提升自身劳动生产率和资源回报率，而未使用网络者因"羡慕"数字红利带来的便捷逐渐被"种草"①，互联网使用需求者爆发式增长，整体农户的农业全要素生产率得到进一步提升，由此营造出一种互联网应用的良性循环。在这种系统下互联网使用者的个性化认知与行为需求刺激环境作出反应，倒逼互联网供应平台不断升级、扩容与适应，为农民的生产经营活动服务，互联网提供的优质数字知识对农户行为产生引导作用，不断实现农业投入减量化、经营活动多元化。因此往往认为互联网获取信息重要的农户，更有可能采纳信息知识并有效转化为农业产出。以上回归结果如表7-2所示。

表7-2　　　农户互联网使用和认知情况对农业全要素生产率的影响

变量	是否使用互联网			互联网使用频率			互联网认知		
	FTFP_FRO	FTFP_OLS	FTFP_FE	FTFP_FRO	FTFP_OLS	FTFP_FE	FTFP_FRO	FTFP_OLS	FTFP_FE
Inter_Whether	1.8730 ** (0.8390)	1.9010 ** (0.8420)	1.9370 ** (0.8430)	/	/	/	/	/	/
Inter_freq	/	/	/	1.1870 *** (0.3210)	1.2070 *** (0.3230)	1.2070 *** (0.3230)	/	/	/
Inter_cogn	/	/	/	/	/	/	0.5950 ** (0.2420)	0.6300 *** (0.2420)	0.6010 ** (0.2430)

---

① 种草，网络流行语，本义为一种人工养殖草的方式；而在网络上，表示分享某物给其他人，促使另一个人也喜欢这一事物。

续表

变量	是否使用互联网			互联网使用频率			互联网认知		
	FTFP_FRO	FTFP_OLS	FTFP_FE	FTFP_FRO	FTFP_OLS	FTFP_FE	FTFP_FRO	FTFP_OLS	FTFP_FE
Cons	−9.9340***	0.5450	0.4050	−9.5290***	0.9520	0.8500	−10.4700***	−0.1080	−0.0917
	(1.9890)	(1.9970)	(1.9990)	(1.8280)	(1.8350)	(1.8380)	(2.0510)	(2.0580)	(2.0620)
控制变量	控制	控制	控制	控制	控制	控制	控制	控制	控制
N	741	741	741	741	741	741	741	741	741
R^2	0.0190	0.0220	0.0210	0.0300	0.0330	0.0320	0.0200	0.0240	0.0220

7.3.2 农户互联网使用对农业全要素生产率影响的年龄差异

另外，考虑到农户年龄对使用互联网具有较大的限制，进一步按照年龄分组讨论互联网是否使用对农业全要素生产率的影响差异。截至2021年6月，我国30～39岁网民在所有年龄段群体中占比最高，因此将农户年龄以40岁和60岁为节点划分为三个区间分别研究。如表7－3所示，经过对三种方法计算的农户农业全要素生产率回归检验，结果均显示，只有年龄在40～60岁的农户，使用互联网对农业全要素提升有显著的正向作用，而上网规模最大的16～40岁的农户，是否使用互联网对农业全要素生产率并没有显著影响，表明农业全要素生产率提升可能主要取决于互联网使用目的。根据相关数据统计，我国20～29岁年龄段网民对网络音乐、视频和直播等应用的使用率分别在70%～90%，30～39岁年龄段网民对网络新闻类应用的使用率达83.4%（中国互联网络信息中心，2021），可见，16～40岁年龄段的农户可能多数关注娱乐和新闻信息，且更多从事非农生计，因此这一年龄段的农户不太可能将互联网信息与农业生产结合起来。而在样本数据中，40～60岁年龄段的农户占比45.21%，是农业生产活动的主力，该部分农户上网更多关注农业生产技术和政策资讯，而且随着互联网终端的适老化服务，应用平台界面对中老年人更加友好，获取和转化数字信息更为便捷，这一部分人更加明白如何将互联网融入农业生产活动，进而提升自身的劳动生产效率。而60岁以上的农户多数因身体原因退出农业生产活动，根据样本数据，60 岁以上的农户中流转出土地的占比达 17.42%，使用电子设备上网的农户仅占 5.23%，该年龄段农户无论是农业生产行为还是互联网使用需求均大幅下降，数字信息技术融入农业生产均受到制约。

表 7－3 农户互联网使用对农业全要素生产率影响的年龄差异

变量	FTFP_ FRO			FTFP_ OLS			FTFP_ FE		
	(16,40)	[40,60)	[60,83]	(16,40)	[40,60)	[60,83]	(16,40)	[40,60)	[60,83]
Inter_Whether	−0.0157	0.0521**	0.0528	0.8430	2.3410**	1.3020	0.9320	2.4400**	1.1220
	(0.0451)	(0.0250)	(0.0438)	(1.6300)	(1.0540)	(2.2810)	(1.6500)	(1.0550)	(2.2820)
Cons	0.1410	0.1340***	0.1160***	−10.1000***	0.9840	2.4960**	−10.1300***	0.3430	1.8960
	(0.0880)	(0.0370)	(0.0231)	(3.1800)	(1.5590)	(1.2010)	(3.2180)	(1.5600)	(1.2020)
控制变量	控制	控制	控制	控制	控制	控制	控制	控制	控制
N	132	335	274	132	335	274	132	335	274
R^2	0.1070	0.0650	0.0280	0.2300	0.0350	0.0430	0.2130	0.0360	0.0410

表 7－4 展示了 4 近邻匹配和半径匹配方式的估计结果，均显示在考虑可能存在的选择性偏差问题之后，农户使用互联网的平均处理效应都显著，并且系数大小和表 7－2 估计结果比较接近，也进一步说明是否使用互联网对农户农业全要素生产率有影响，佐证以上检验结果是稳健的。

表 7－4 互联网使用对农户农业全要素生产率的 PSM 分析结果

指标		FTFP_FRO	FTFP_OLS	FTFP_FE
4 近邻匹配	ATT	0.0331*	2.5808***	2.6089***
	Std. E	0.0272	1.1678	1.1701
半径匹配	ATT	0.0577***	2.0935*	2.1585***
	Std. E	0.0248	1.0610	1.0607
控制变量		控制	控制	控制
地区效应		控制	控制	控制
对照组		525	525	525
处理组		212	212	212

7.3.3 互联网使用对农户农业全要素生产率的平均处理效应

农户是否使用互联网可能是自我选择的结果。实际上，收入较高和受教育水平较高的家庭更可能选择使用互联网，因此有可能产生选择性偏差问题。进一步使用倾向得分匹配方法纠正可能存在这种错误。在进行倾向得分匹配之前，需要对匹配结果进行平衡性检验，如图7-1所示，匹配后的大多数变量的标准化偏差小于10%，说明匹配后的结果较好地平衡了数据。

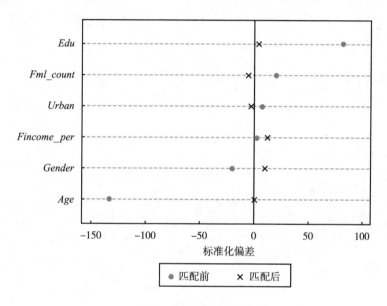

图7-1 平衡性检验

7.4 研究结论

互联网使用频率越高、认为互联网越重要的农户，其农业全要素生产率越高。另外，利用倾向得分匹配法检验农户是否使用互联网的选择性偏差，匹配结果表明使用互联网对农业全要素生产率有显著影响，表明上述分析结果具有稳健性，基本佐证了农村互联网普及助推农业高质量发展作用的存在。

　　进一步讨论，因互联网使用受到年龄的严格约束，根据年龄分组讨论是否使用互联网对农业全要素生产率的影响，结果显示只有40~60岁的农户使用互联网，才会对农业全要生产率有显著的正向作用，表明互联网使用对农户农业全要素生产率的影响具有年龄差异。从一定意义上说，对于农业生产经营者而言，互联网普及并不是越先进越好，而是越合适越好，这也说明要有效发挥互联网信息技术对农业高质量发展的促进作用，必须考虑农业生产经营者的数字素养和知识水平，不断增强互联网产品的适老化服务功能，并定期培训农户互联网信息产品的使用技能，将互联网信息有效转化为生产效益。

第**8**章

农村互联网普及促进农业
高质量发展的提升路径与对策措施

基于以上研究，宏观实证检验表明，农村互联网普及对农业高质量发展存在替代效应、协同效应和渗透效应，并通过微观检验佐证了农村互联网普及对农业高质量发展的正向影响。但微观农户实践表现出的行为和认知差别，导致应用互联网对农业全要素生产率的提升存在差异性。为了更有效发挥农村互联网普及促进农业高质量发展的作用，对农村互联网普及推动农业高质量发展的路径与对策措施进行如下探讨。

8.1 农村互联网普及促进农业高质量发展的提升路径

8.1.1 调整农业生产要素投入比重

通过调整农业生产要素投入比重，在农业生产的重复性、机械性领域中不断实现互联网对资本和劳动的替代，不断创新农业生产方式和优化农业产业结构，实现农业高质量发展的动力变革，即便在互联网信息技术替代趋势不断增强的环境下，仍要注重资本和劳动力的自我强化和积累作用，保障农业高质量发展和农业增长周期提升，避免互联网的信任和安全危机发生。

8.1.2 提高农业全要素生产率

通过提高农业全要素生产率，不断推进农业产业协同、农业生产集约和农业经营有效，在现代农业发展基础上促进效率变革，但在农户层面，农业生产经济效益和产出效率将受到行为和认知差异的约束。所以，应当提高农民用网积极性，鼓励农户主动参与农业数字化转型，转变沉浸式体验现代生活的角色，避免互联网信息技术外部嵌入对农民的边缘化。

8.1.3 提升农业生产要素质量

通过提升农业生产要素质量，增强资本和劳动的价值再创造能力，实现农业生产优质、农民生活富裕和生态绿色，促进农业高质量发展的质量变革。受到人力资本的多方约束，从使用者角度看，有效发挥协同作用应着力提高农业生产经营者的数字素养和互联网认知，培养互联网信息转变为生产效益的应用技能；从开发者角度看，不断增强互联网产品的适老化服务功能，推送农业生产技术和政策补贴等数字信息，引导农业生产经营者将虚拟的网络生产技术应用到现实生产活动中（见图 8 - 1）。

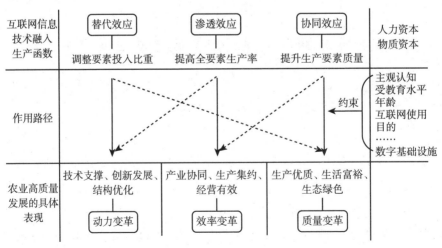

图 8-1　农村互联网普及促进农业高质量发展的提升路径

8.2 农村互联网普及促进农业高质量发展的对策措施

互联网普及对农业高质量发展有助推作用,能够优化要素资源配置方式,提高农业全要素生产率。因此,坚持内涵式发展、系统化思维和培养数字化思维等方式,是农村互联网普及促进农业高质量发展水平提升的有效措施。

8.2.1 坚持内涵式发展,提高农业质量效益和竞争力

农业高速增长主要表现为农业产业规模的扩大和农业生产要素投入的增加,而农业高质量发展的主要目标是"农业高效"和"农业发展可持续"。

1. 农业生产要素高质量投入

互联网信息技术不仅对传统生产要素具有替代效应,更协同其他要素实现经济产出指数式增长。不仅利用互联网信息技术对要素依赖的增长模式改革,对传统生产要素予以改造和升级,更要发挥互联网信息技术与资本、劳动力的协同作用,增强价值再创造能力。

因此,重点是提高农业生产要素投入高质量。一是加大现代农业装备技术的创新与应用,提升农业装备技术现代化水平。加快农机装备和农机作业智能化改造,特别是推动植保无人机、无人驾驶农机、农业机器人等新装备在规模种养领域的应用;围绕设施种植绿色高效发展,引入物联网、人工智能等现代信息技术,重点在设施种植装备专用传感器、自动作业、精准作业和智能运维管理等关键技术装备上取得突破;搭建农机装备制造与技术应用创新平台,围绕高端农机装备和关键零部件制造,着力解决农机装备中的基础性共性问题、关键核心技术难题以及集成配套问题,

推动农机创新成果工程化、产业化。

二是培育壮大新型农业经营主体，构建现代化农业经营体系。近年来，我国加速推进新型农业经营主体培育工程，新型农业经营主体不断发展壮大，农业发展规模化效应不断显现，为农业现代化提供了有力支撑。不断壮大新型农业经营主体，要以农业产业园、农业基础设施等重点农业项目建设为依托，从建设用地、财政补贴、税收优惠、金融支持等方面着手，综合运用政府购买服务、以奖代补、先建后补等方式，加大对新型农业经营主体的支持力度；鼓励和引导新型农业经营主体向"企业 + 农户""企业 + 基地 + 农户""企业 + 合作社 + 农户"等多种形式的产业经营模式发展，形成订单生产、股份合作、产销联动、利润返还等多种紧密型利益联结机制，发挥新型农业经营主体示范带动作用，将小农户引入现代农业发展的轨道。

三是中央财政持续加大现代农业建设支持力度，创新财政资金供给和使用机制。社会资本是全面推进农业现代化的重要支撑力量，需要加大政策引导撬动力度，扩大农业农村有效投资。引导地方农业农村部门结合本地实际，充分发挥财政政策、产业政策引导撬动作用，营造良好营商环境，规范社会资本投资行为，引导好、保护好、发挥好社会资本投资农业农村的积极性、主动性，推动社会资本更好发挥服务全面推进乡村振兴、加快农业农村现代化的作用，发挥社会资本市场化、专业化优势，加快投融资模式创新应用。

四是推动新型职业农民培育，打造农业现代化的主力军。近年来，职业农民增长较快，2018 年达到 1693 万人。但职业农民在全部农业就业人员中所占的比重依然较低，仅为 8.36%。加快新型职业农民的培育，将新型经营主体培育工程与新型职业农民培育工程相结合，以新型经营主体的经营示范带动新型职业农民培育；通过院校化、正规化、系统化、专业化等方式开展多层次、多渠道的农业人才培养；让新型职业农民与科技人员"互助结对"，既让职业农民找到有力的技术帮手，又让农业科研人员找到理论联系实际的职业农民伙伴，实现优势互补；加强培育师资队伍建设，切实提高新型职业农民培育的质量。

2. 农业实现可持续发展

绿色和可持续发展是高质量发展的必由之路。1992 年，联合国在巴西里约热内卢举行的"环境与发展会议"上，183 个国家（地区）和 70 个国际组织的代表同意改变传统的发展模式，走可持续发展之路。2021 年《关于全面推进乡村振兴 加快农业农村现代化的意见》将加快农业农村现代化发展作为解决"三农"问题、全面推进乡村振兴的重要内容，并把绿色农业发展作为推进农业现代化、实现农业高质量发展的重要举措。《中国农业绿色发展报告 2020》显示，2012～2019 年全国农业绿色发展指数从 73.46 提升至 77.14，在农业资源用养结合、农业产地环境保护、标准化和高品质农产品供给、绿色发展富民兴村新模式等方面取得显著成效。但是农业发展过程中由于产业化水平不高、农业生产观念滞后、农业竞争力弱等问题，农业可持续发展缓慢。因此，要摒弃农业盲目粗放式的高速增长，降低传统高能耗能源使用，减少环境污染，提高农业产业经济发展质量和效益，实现人与自然的和谐发展。互联网信息技术通过联结供需两端提升农产品供给质量，推动资源要素的有效利用和生产投入的合理布局，互联网服务业充分发挥农产品质量安全监督职责，以及减小生产者和需求者信息不对称损失，通过互联网信息技术集约资源以降低成本和改善效率、升级农业科技物质装备、加强对农业污染治理的支撑能力，实现化肥和农药的减量投入。

第一，构建农业绿色发展技术体系和推行农业绿色生产方式。农民可以使用化肥以外的有机肥料、土壤测试和施肥配方、统一病虫害防治、水稻和渔业综合养殖以及其他绿色技术和方法，提高农产品质量安全水平，增加农产品的产量价值。个别地区、品种仍存在超标现象，仍存在安全问题和隐患，生产区域环境污染明显，化肥、农药的过量使用导致农业生产成本快速上升，农产品的竞争力降低和农业的不可持续。这就迫切要求建立一个安全无害的农业投入、资源的有效利用和绿色的生产体系，扶持发展植保社会化服务组织，推广绿色防控产品和技术，推广精准高效施药、轮换用药技术，稳妥推进高毒农药淘汰。抓好农业深度节水控水，支持黄河流域等重点区域发展节水农业、旱作农业，分区域分作物推行定额灌溉。实施新一轮草原生态保护奖励补助政策。推进兽用抗菌药使用减量化，推广养殖减抗模式。加强水产养殖用投入品分类监管。支持农业绿色发展先行区建设，构建农业绿色发展支撑体系，推进农业绿色发展综合试点，认定一批国家农业绿色发展长期固定观测试验站。通过建立环境友好型农业体系，完善质量标准体系，完善监测预警体系，增强农业绿色发展的内生动力，增加绿色农产品的产量，切实提高中国农业的质量和竞争力。

第二，运用好人工智能、区块链、数据挖掘等前沿互联网技术，从更高层次、全维度掌握农业发展变化，建立健全农业生产过程的监管系统，对农产品生产、流通与交易等过程的信息进行监测和采集，并搭建农业大数据平台，发布相关信息，以提供更精确的信息服务。如建立农业信息监测系统，能更有效地预防农业灾害，准确识别耕地质量，预测市场变化。相关服务机构要充分利用互联网推广农业技术，如引入预警系统、培训农民、控制预警方法和应对自然灾害，以减少自然灾害造成的作物损失。同时，通过云数据详细记录作物生产过程，向消费者直观呈现，这将有助于消除消费者的担忧，提高农产品的质量安全。

第三，因地制宜，充分发挥各地区特色和资源、市场、技术等方面的区域比较优势，整合行业资源，实现农业专业化生产、专业化布局，发展特色农业、精品农业，培育具有区域特色和国际竞争力的农产品区域公用品牌。通过互联网销售特色农产品方式，充分利用本地优质生态农产品资源，通过现代信息技术和"农村电商"等商业模式，大力推广本土化产品的和区域形象，有效促进特色农业与网络经济的互动融合。通过互联网销售、推广乡村旅游，从招商引资、名优企业、农资供应、农业机械、农林园艺、配送流程等方面提高农产品信息化服务水平，实现农业绿色发展。

8.2.2 坚持系统化思维，建立健全互联网与农业的融合体系

1. 加强农村网络基础设施建设，补齐实现农业高质量发展的互联网基础设施短板，提高农村互联网普及率

互联网农业的发展，网络信息基础设施是基石，建设技术先进、功能完善的互联网是现代互联网农业发展的目标。2020 年我国宽带网络实现城乡覆盖率达到 100%。农村地区互联网还存有很大潜力作用，互联网发展水平还有很大提升空间。

第一，加快建设普惠互联网，提高农村互联网普及率。截至 2020 年底，我国网民规模达 9.89 亿，较 2015 年增长 3.01 亿。农村网民规模达 3.09 亿，较 2015 年增长 1.14 亿，在网民整体中的占比达 31.3%。在加强农村互联网建设力度的同时，引导城市互联网要素向农村地区流动和扩散，优化城乡互联网资源配置，从硬软件两个方面发展互联网技术，突破互联网使用的空间限制，以农户个体需求为维度不断丰富、拓展和创新互联网的应用服务内容，提升农村居民对互联网的认知程度、使用意愿和应用效果，进一步促进农村非网民迅速转化，使广大农民真正享受到互联网时代的"数字红利"，推动我国区域网络化一体化进程。

第二，普及与农业生产经营者相适应的互联网基建。互联网农业基础设施是发展数字农业，推动农业经济高质量发展的前提条件。2021 年 12 月国务院提出，大力提升农业数字化水平，创新发展数字农业。数字经济是农业经济、工业经济之后的主要经济形态，加强数字农业"新基建"，赋能"新农业"，推动农业高质量发展已是大势所趋。农业互联网基建就是利用大数据、人工智能、云平台等数字化手段，解决农业低、小、散等问题。加强基于 5G、大数据等新技术的现代农业农村"新基建"，特别注重提升农村和偏远地区互联网接入水平和质量，逐步建设高速、移动、安全的新一代农业农村基础设施体系，充分发挥基础设施在互联网农业发展中的基础性、保障性、战略性作用。同时，要更多考虑互联网基础设施的

易用性、耐用性和推广性，满足农业生产经营主体生活和生产的互联网消费需求，同时提升农村居民用网积极性，在重复性、机械性工作领域逐步实现数字替代资本和劳动。为了提高农户应用互联网信息技术改造农业生产的积极性，地方农业部门和相关服务商应优先推广低成本、易推广、见效快的技术和装备，让尽量多的农户从实践中切实认可信息技术的作用，乐于采纳信息技术改造农业生产。

第三，发挥互联网建设的政府引导和支持功能。一是农村地区空间范围大，互联网投资成本高且回报慢，政府要在巩固城市互联网发展优势的同时，大力推动互联网资源和扶持政策向农村地区倾斜，深化宽带网、5G站在农村的覆盖，加快农业生产经营的数字化改造，助力地区互联网农业政策的落地。突破网络信息基础设施建设水平低下的瓶颈。二是政府部门将互联网农业发展的基础设施建设资金纳入预算之中，设置农村互联网络信息基础设施建设的补贴资金，尤其是采取补贴减税等鼓励政策，并制定相关扶持政策，如光网进村入户建设的补贴、农业生产信息化项目补贴、鼓励支持从业人员使用现代化网络设施设备进行农业生产的惠农应用项目等，努力保障农村基础设施建设的资金和技术需求。三是鼓励社会各个阶层投入现代化农村信息基础设施建设工程，引导社会资本投向农村互联网建设领域，积极发挥社会资本的效率优势，加大其建设的投入，公共和私人投资共同发力促进农村互联网实现跨越式发展。

2. 互联网与农业全面融合，提升农业全要素生产率

互联网农业这一模式，并不是简单地将互联网嫁接到农业生产中，而是要实现传统农业的跨越式发展，将过去的农业生产方式全方位地融入现代网络技术之中，将以前繁杂的中间过程去除，全面大幅度提高生产效率，将互联网络先进的技术与社会资源融入农业发展中期，给其带来全新的驱动力。从这一角度来讲，互联网农业一方面可以促进分工的细化与专业化、提高组织化的程度、有效地降低生产运输与交易的成本、优化现有的资源配置，从而实现传统农业的转型发展；另一方面，互联网农业通过

多方面的手段，包括便利快捷、实时智能等设备，优化方案，整合资源等，全方位多层次地为现代农业发展提供服务，真正成为现代农业健康发展的新引擎。要将互联网和农业实现真正的融合，其关键点应该是将这个产业链视为一个整体发展，而非仅仅注重某一环节的建设。例如，利用互联网农业建设的电子商务平台，其功能不应当只是充当一个交易售卖的站点，而是应当将农业和农产品的整个供应链的建立和完善作为其发展的解决方案。互联网农业信息技术应用的最终形态应当是形成一条完整的链条式物联网系统。从目前互联网农业生产的状况来看，其网络技术应用的集成度都较高，硬件设施和设备、软件与应用开发、人力资源等都属于长期性的支出，其投资所需的数额较大，成本高。由于这个原因，目前已经实施的互联网农业技术项目之中，大多数还停留在农业生产过程中的某一个环节或者是农产品中的某一个商品，距离完备的现代农业生产的供应链仍有相当大的距离，现代信息技术的链条效应还没有发挥出来。

第一，提升农产品科技含量要素，树立科教兴农的观念。现代互联网农业的生产，科学技术才是其发展的第一要素，是促进互联网农业发展的根本大计。首先应该树立依靠现代信息技术与科学的力量来提高农产品质量的观念，摒弃过去以量为胜的传统观念，树立以优质为先的竞争意识。随着经济全球化的进一步加快发展，农产品都面临着巨大的市场冲击。针对此，必须通过提高自身的教育程度，依靠示范性实践工程，质量为先的观念，提高农产品的市场竞争力。同时，依靠科学技术大力发展具有特色的农业产业，努力增加有限的土地的产出能力。

第二，加强与拓展"互联网＋"在农业生产经营中的应用。互联网已成为农业经济活动中不可忽视的重要因素，推进农业遥感和智能农机等新兴技术的应用，强化科研与生产的结合，推动农业前沿技术进步。同时，还应加强互联网在农业产业链中的应用，提升农业生产技术效率。加强互联网与农业生产的思维理念融合，促进形成"共享、开放、协同、创新"经营理念，推动向现代农业生产方式转变，进而提升农业生产全流程系统化网络化管理意识，实现农业规模化后的科学有效经营。涉及的农业生产环节包括大田作物精准耕作、智能化园艺种植、智能化禽畜养殖等环节，在这些环节中可充分发挥信息技术在作物生长环境感知、智能灌溉、病虫害预警、养殖环境监测、精准饲养、质量追溯等方面的优势，提高农情监测的准确程度和生产活动的精准程度，促进农产品质量和农业生产效率的提高。

第三，通过互联网平台进一步优化农业生产技术。在推广过程中，传统的推广方式为推广员到农业一线与农民进行面对面交流。要突破传统推广模式的弊端，不断创新和丰富互联网平台内容，进一步有效利用互联网平台完善农业技术推广方式。可以制作短视频展示农业推广技术，拓展农业技术推广范围。通过互联网平台对农业技术生产效果进行示范。在传统农业技术推广过程中，人力物力支出较大，无法提升农业技术推广效率，通过融入互联网平台，将技术应用和注意事项进行远程传播，明确技术要点和各类示范，节省人力物力财力消耗，体现出更加良好的技术融合和推广效果。

第四，注重依托互联网构建"产学研"协同创新平台，借助于平台，可以形成农业应用部门间技术的互动效应与农户个体间的模仿效应。具体而言，前者是农业各个环节生产部门交流碰撞产生的技术溢出，能够有效实现农业生产知识共享和融合集成，促进农业技术进步；后者是农户个体间通过模仿学习以起到更多人采纳农业新技术的效果。

第五，利用互联网技术为农民提供在线咨询服务。打造相对应的互动机制和反馈平台，确立完善的在线农业技术咨询平台，为农民答疑解难。通过在线农业技术咨询服务形式，引导农民群众倾诉自身诉求和问题，满足农民技术应用要求，同时呈现出更加良好的农业技术推广效果。

3. 转变农业发展模式，提升农业经营组织效率

通过互联网打通农业产业链条，提高配置效率。互联网将推动互联网思维和技术向农业快速高效渗透，激发农业产业链的"化学反应"，打通农业产业链的各个环节，融合信息流、物流、资金流，形成一个健康有序的农业互联网生态圈。根据经济学纵向一体化理论，农业组织将立足于自

身所处的产业链条位置，充分利用"互联网＋"手段，改造升级生产能力，完善优化利益联结，深化分工协作，创新合作模式，强化服务功能，降低甚至消除交易门槛，从而提高整个产业链的资源配置效率。

第一，以现代农业经济体系为基础，发挥互联网信息技术对农业全要素生产率的溢出效应，消除互联网信息技术融入农村产业体系的技术壁垒和政策障碍，创新农业数字化产业形态，遵照农业发展规律，让农业物质装备智能化的同时更富有人性化特征，以互联网信息知识丰富农业经营主体的素质涵养，组织新型农业经营主体接受数字化培训，提升农业经营组织效率。

第二，加速农村电子商务发展，推动农业发展模式转变。农业是农村地区的主要产业，在运用互联网展开技术推广的过程中，除了关注技术外，还需重视应用互联网转变农业发展模式，建立电子商务体系，应用电子商务模式促进农产品销售，提高农民的经济收入，切实增强其应用互联网和网络信息技术的意愿，从而有效加快农业技术推广进程。

第三，扶持新型服务主体，促进社会化服务。新型农业服务主体承担着为各类生产经营主体提供社会化服务的重任，在助力规模经营、推动发展现代农业方面发挥着重要作用。建议出台扶持新型农业服务主体的专门政策，鼓励积极利用互联网手段，通过自有平台或第三方平台，面向各类农业生产经营主体提供土地托管、测土配方施肥、统防统治、代耕代收等社会化服务。

第四，创新模式探索，鼓励融合发展。重点针对涉农互联网企业、农民专业合作社、家庭农场等新型农业生产经营主体，鼓励其利用互联网开展各类服务与合作，实现融合发展。

8.2.3 培育数字化思维，丰富多元性数字人才和培养农业经营主体数字技能

发挥互联网信息技术对农业高质量发展的助推作用，不仅需要数字型

人才和技术的研发与推广，同时互联网应用也需要受教育水平和数字素养与之适应。美国于1982年颁布了《农业培训局法》，多年来一直对农民职业教育非常重视，2013年颁布的《农业法》中对农业电子商务给予了更多的培训指导服务。互联网农业能否顺利落地实施，最关键的因素在于是否能加快培育引进一批高素质水平的复合型人才和培育出一批新型职业农民，有效掌握和利用新技术，将互联网农业真正落到实处。

1. 加强互联网农业专业人才队伍建设

第一，改变人才培养理念，制订先进的互联网农业专业高素质人才培养计划，建设一支专业性质强、综合素质高的农村互联网农业人才队伍。互联网农业是现代农业发展的一个全新理念，其具有科技含量高、信息技术应用广、学科跨度大、与其他行业差异明显等诸多特征，这就要求专业人才在其发展过程中必须有农业技术的专业知识，同时具备信息技术应用的专业技能。鼓励掌握互联网信息技术操控和应用技能的知识结构全面人才投身于农业高质量发展，为农业数字化转型培育主体和环境支撑注入新活力。通过高素质专业的技术人员的引入，结合农业生产的实际技术与相关知识系统的培养，使其成为符合农业高质量发展的复合型人才。

第二，培养互联网农业发展的信息技术后备人才。在中学以及农业专业院校加大互联网农业发展的信息技术课程等有关互联网专业课程的比重，提高互联网农业储备人才与从业人员的综合素质，制定好农业信息化、从业人员、经营者、教师以及农业信息专业人才的培养规划。推动农村电子商务人才队伍的扩大，将农村电商覆盖率逐步扩大，从目前单一的项目推广至整个农业产业，实现从发达地区到偏远地区的纵向发展，拉动城乡的经济互动发展，加快农村互联网后备人才的快速增加。

2. 加强农业从业者的职业培训

提升农业生产经营者的综合素质，要本着服务发展，以用为本，整体开发的原则，普及数字产品的操作知识和技术优势，逐步化解农村居民对新型互联网技术的抵触心理，强化农村居民对数字信息的转化能力，将数字知识运用到农业生产活动中。

第一，加大对农业从业者发展的投入，设立农业从业者培育基金，互联网农业发展创新创业基金，鼓励农业互联网人才创新创业。应重视农村人力资本开发，实施农民网络素养提升工程，为新型职业农民提供在线教育培训、移动互联服务等，培养一批有文化、懂技术的新农人。政府部门应设置农业从业者互联网培训补贴资金，并明确扶持政策。同时应设立农村信息化培训专项基金，鼓励社会力量投入农村信息化建设。

第二，对于现有的农业从业人员，政府部门要做好服务加大对相关从业人口的技能培训，培育新型职业农民。不仅要提高现有农业从业人员的农业生产技能，还要加强现代信息技术的推广与应用。可以借鉴先进国家培训模式，实现产学研一体化发展，将高校、科研中心等设立在农村当地，既可以推广新型的农业科技，也可以提高农业人口对互联网技术的应用水平。在培训结束后做好后续的技术咨询服务，如在农村设立研究站，定期安排专家学者在研究站进行研究，帮助解决农业从业者在生产经营中遇到的技术难题，并及时推广农业科技发展的最新成果与新技术。增强互联网产品的适老化服务能力，应当组织面向农民工、留守妇女和老年人的互联网产品基础培训，形成长期有效的技能提升机制，熟练掌握数字化应用和"数字变现"等技能。

第三，加强职业培训力度，重点培养创新型农业科技人才，激发青年创新创业活力，建立互联网农业相关培训课程体系，使农业生产者不断更新电子商务知识结构。动员社会和社区力量，引入社会农业互联网相关协会加入课程培训体系，培训内容在现有的培育新型职业农民电商课程基础上，增加经济类、计算机类等相关课程。同时借助培训平台如农业技术推广项目培训、农业高等院校骨干培训、农业生产基地实地培训等，进一步提升为"三农"服务的本领。把具有一定文化基础和生产经营规模的骨干农工，加快培养成为具备新型职业农民能力素质要求的现代农业生产经营者。

第四，完善网络培训师资力量。目前，我国部分地区的网络师资力量并不强大，很多培训教师不能运用网络进行备课与讲解，增加了实施"互联网＋"新型职业农民培训的难度。因此，政府应根据现有师资力量，加强教师的招纳与培训工作，培养一支高素质、高水平的教师团队。政府要加大与高校、培训机构的合作力度，鼓励高校和培训机构进行互联网新型职业农民教师的培训，对一些有经验、懂技术的农业专家进行互联网授课相关知识的培训，帮助他们依托互联网进行农业知识的收集、整理与分析，并运用互联网设计符合农民的教育课程，为农民运用互联网进行培训提供保障。各大高校和培训机构可以根据培训的需求进行人才招聘，招聘农业技术高、信息化运用程度高、教学理念和方式先进的教师，不断扩大互联网新型职业农民培训的师资队伍，从而保证培训工作的顺利开展。

第五，加强教育培训，提高自身的劳动技能，以拓宽择业范围和就业渠道。针对目前互联网农业发展过程中农民的接受教育文化仍较低，科学技术素养不高，核心竞争力仍然缺乏等问题，农民自身文化知识和劳动技术的提高就变得格外重要，因此，农民应通过各种渠道来提升自身综合素质。可以广泛参加关于互联网农业的岗位培训、继续教育、实用技术等培训；树立"活到老学到老"的正确观念，不断加强自身素养的提升；加强专业技能的提高，以适应互联网农业的健康发展。

8.2.4　为农村互联网普及建立完善的服务体系

第一，政府可以建立新型的农业合作社、互联网农业专业协会、科研单位与服务机构等，其目的是帮助农民提高现代化设备的应用水平，将现代化农业的信息成果进行快速有效的转化。改变过去传统的发展观念，完善信息管理系统。管理人员和实施人员应当设置考核标准，经考察合格后方能上岗，并定时评估。这一服务体系的建立应当达到以下成效：能够帮助农村居民解决农产品购销的问题并得到较大的经济效益；能帮助农业从业者与经营者进行方便、快捷、有效的金融管理；能够帮助农民获取直接有效的农业生产信息；能够惠及农民切实关心的服务。

第二，建立于互联网农业服务系统配套的控制与检测机制。完善的服务体系需要强有力的保障，政府应当起到决定性的作用。政府可以利用生产标准与大数据相结合预估农产品的生产情况，如农产品是否为有机产品、家禽牲畜的成长期等。政府需要制定一系列措施用于电商在农村的发展，同时需要增大线下服务范畴，让农村居民可以人人随时参与现代互联网络经济之中。其最终目的是通过提高现代互联网农业发展的水平，促进农产品的网络营销发展，从而提高农业生产的水平和农民的收入。其渠道包括利用互联网信息技术改变与融合传统的农业经营模式，通过社会监督管理体制来建立健全农村的基层组织形式，通过评估与审核方式开展现代农业信息化工作，通过科学统一的标准建立完善互联网农业信息技术，通过监督的形式加强信息安全的建设。

第三，建立研究协调机制。互联网农业的发展是一个综合性的系统工程，其发展过程中牵涉的部门众多，人员组成结构复杂，这就要求各个相关的部门与人员必须以政府为主导、相互协调、统筹安排才能做到科学有序的发展。各级政府应当积极发挥"领导"作用，充分调动各级部门、企业、从业者等的积极性，通过建立完善一系列服务措施和鼓励政策、扶持和鼓励企业发展具有高新技术含量的农业产品，利用市场化运作机制，促进多元化发展，以解决互联网农业发展过程的问题。各级部门应当以农业发展、农村建设与农民最关心的问题作为出发点，积极发挥其引导作用，成为现代化互联网农业发展的重要力量。

8.2.5 完善法律法规，加大监管力度

相关法律法规的建设是互联网农业高质量发展的保证。互联网农业的发展是一个综合的系统工程，其发展必然是一个周期长、范围广的过程，其涉及的社会方面众多。目前问题仍然相当突出，例如，当前农业生产和信息化网络发展的标准化程度低，各个层级标准指标不一致等。因此，符

合现代农业高质量发展且有利于农业信息网络发展的相关法律法规的制定，就显得格外重要，同时需要完善现有的法律法规。作为发展初期的我国互联网农业而言，必须全力推动互联网农业发展的法律法规建设，充分发挥政府的主导作用，不断改善从业人员与基础设施建设、法律软实力建设的关系，通过培训等方式，提高互联网从业人员的综合素质，加大互联网农业发展的投入。这些方面的实现，只有依靠互联网农业的相关法律法规的建立健全来保障。

第一，互联网农业信息化的法律体系的总体框架的建立，应当明确规定相应的具体时间范围，然后根据制订的长期目标一步一步地按照计划进行，为互联网农业发展提供坚实有力的保障和良好的外部发展环境。在制定相关法律时，借鉴如美国等农业发展较为先进、农业法律法规完备的相关经验，并吸取其发展过程的失败教训。尤其是政府应该以法律法规等形式，为互联网农业发展的金融需求提供适宜的发展条件，并在其发展过程中加以加强和明确。

第二，注重互联网农业发展的法律法规的实施与监管，尽可能保证农业生产相关信息的真实性、准确性和时效性，同时注重农业生产过程中的知识产权的保护，保障生产和服务主体的切身利益，努力实现农业信息的共享利用。对于互联网农业发展过程中出现的问题，如统筹与协调的失衡、资源管理的不合理、隐私保护的缺失等，应进行及时有效的解决。

附录 A 农业高质量发展水平的测算指标解释

附表 A-1　　　　农业高质量发展水平的测算指标解释

测算指标	指标解释	研究来源
农业防灾减灾能力	1-（农作物成灾面积/农作物受灾面积）	辛岭等，2019
农产品品牌化标准化	当年有效使用的绿色食品标志产品数量/耕地面积	
农产品国际竞争力	农产品出口总额/货物出口总额	
农村居民文教娱乐支出占比	农村居民教育文化娱乐支出/消费总支出	辛岭等，2021
农村居民恩格尔系数	农村居民家庭食品消费支出/消费总支出	
农村居民人均可支配收入	农村居民可支配收入总额/总人口	辛岭等，2019
农业碳排放	参考李波等研究计算所得	李波等，2011
单位耗水创造的农业产值	农业增加值/农业用水总量	辛岭等，2019
化肥施用强度	农用化肥折纯用量/耕地面积	
农药使用强度	农药施用量/耕地面积	
农产品加工业产值与农业产值之比	农产品加工业产值由农副食品加工业、食品制造业、饮料制造业、烟草加工业4个行业产值求和得到	陈池波等，2021
淘宝村数量	参见阿里研究院《中国淘宝村研究报告》	阿里研究院
每百万人专业村镇数量	农业农村部公布的"一村一品"示范村镇名单	曹智等，2020
土地集约指数	家庭承包耕地流转面积/家庭承包经营的耕地面积	辛岭等，2017
农业比较劳动生产率	农业劳动生产率/全社会劳动生产率	姜长云等，2021
农业土地生产率	农业增加值/耕地面积	
农民合作社辐射带动农户比例	农民专业合作社个数/区域农户数	辛岭等，2021
农业生产社会化服务农户比例	农机作业服务专业户个数/区域农户数	
土地适度规模经营比例	家庭经营耕地面积在30亩以上农户占比	辛岭等，2017
农作物综合机械化率	机耕率×0.4+机播率×0.3+机收率×0.3	辛岭等，2019
设施农业面积占比	温室设施面积/耕地面积	辛岭等，2021

续表

测算指标	指标解释	研究来源
单位农业产值的贷款余额	农林牧渔业贷款/农林牧渔业增加值	辛岭等，2021
农业科研投入强度	科研经费总支出/地区生产总值	刘忠宇等，2021
区域创新创业指数	北京大学开放研究数据平台	Dai 等，2021
种植结构调整指数	依据 Moore 结构模型计算粮经饲种植结构	王兴国等，2021
产业结构调整指数	1 −（农产业产值/农林牧渔总产值）	辛岭等，2019
人均菜肉蛋奶产量	菜肉蛋奶总产量/区域总人口	辛岭等，2021
人均粮食产量	粮食总产量/区域总人口	叶兴庆等，2021
城乡居民人均可支配收入倍差	城镇居民人均可支配收入/农村居民人均可支配收入	姜长云等，2021

附录 B 2009～2020 年我国农业高质量发展相关指数

附表 B-1 　　　　　　　 2009～2020 年我国农业高质量发展指数

地区	2009 年	2010 年	2011 年	2012 年	2013 年	2014 年	2015 年	2016 年	2017 年	2018 年	2019 年	2020 年
北京	0.2456	0.2485	0.2655	0.2463	0.2683	0.2580	0.2567	0.2619	0.2761	0.2696	0.2876	0.2698
天津	0.1840	0.2246	0.2195	0.2070	0.2318	0.2118	0.2201	0.2200	0.2065	0.2115	0.2120	0.2100
河北	0.2276	0.2370	0.2498	0.2408	0.2573	0.2587	0.2673	0.2729	0.2764	0.2757	0.3060	0.3500
山西	0.2299	0.2312	0.2325	0.2432	0.2621	0.2667	0.2569	0.2501	0.2442	0.2344	0.2410	0.2629
内蒙古	0.2572	0.2563	0.2707	0.2695	0.2812	0.2783	0.2863	0.2921	0.2973	0.2972	0.3024	0.3114
辽宁	0.2514	0.2388	0.2652	0.2424	0.2729	0.2654	0.2817	0.2951	0.2833	0.2775	0.2765	0.2760
吉林	0.2567	0.2529	0.2654	0.2679	0.2756	0.2727	0.2730	0.2745	0.2745	0.2896	0.2890	0.2966
黑龙江	0.2901	0.2760	0.2784	0.2883	0.2812	0.2987	0.2972	0.3099	0.3278	0.3202	0.3235	0.3450
上海	0.1988	0.2056	0.2120	0.2046	0.2190	0.2204	0.2168	0.1993	0.2112	0.2249	0.2820	0.3399
江苏	0.2184	0.2240	0.2292	0.2313	0.2468	0.2642	0.2727	0.2930	0.2869	0.3190	0.3615	0.3739
浙江	0.2157	0.2335	0.2287	0.2238	0.2292	0.2314	0.2631	0.2999	0.3352	0.3951	0.4684	0.4995
安徽	0.2299	0.2261	0.2351	0.2250	0.2413	0.2411	0.2349	0.2446	0.2416	0.2445	0.2474	0.2551
福建	0.2023	0.2035	0.2142	0.2061	0.2104	0.2082	0.2197	0.2187	0.2331	0.2355	0.2656	0.2999
江西	0.2179	0.2224	0.2299	0.2247	0.2259	0.2285	0.2331	0.2499	0.2469	0.2492	0.2621	0.2770
山东	0.2591	0.2698	0.2847	0.2780	0.2858	0.2909	0.2983	0.2992	0.3163	0.3232	0.3388	0.3856
河南	0.2251	0.2328	0.2366	0.2331	0.2400	0.2431	0.2486	0.2416	0.2350	0.2309	0.2529	0.2989
湖北	0.2218	0.2276	0.2360	0.2215	0.2437	0.2534	0.2436	0.2478	0.2494	0.2450	0.2523	0.2620
湖南	0.2227	0.2171	0.2230	0.2143	0.2166	0.2142	0.2123	0.2363	0.2314	0.2279	0.2385	0.2672
广东	0.1758	0.1803	0.1824	0.1783	0.1928	0.1943	0.1993	0.2288	0.2421	0.2860	0.3330	0.3754
广西	0.2011	0.1942	0.1997	0.2038	0.2259	0.2197	0.2152	0.2318	0.2315	0.2129	0.2288	0.2534
海南	0.2154	0.2417	0.2448	0.2357	0.2326	0.2220	0.2352	0.2560	0.2429	0.2484	0.2552	0.2581
重庆	0.2358	0.2389	0.2340	0.2215	0.2496	0.2465	0.2421	0.2435	0.2573	0.2468	0.2478	0.2816
四川	0.2193	0.2237	0.2168	0.2199	0.2345	0.2329	0.2396	0.2305	0.2325	0.2296	0.2402	0.2630
贵州	0.2092	0.2046	0.2096	0.2265	0.2278	0.2334	0.2392	0.2449	0.2486	0.2523	0.2646	0.2914
云南	0.2174	0.2075	0.2259	0.2388	0.2349	0.2311	0.2420	0.2676	0.2571	0.2496	0.2705	0.2833
陕西	0.2561	0.2577	0.2670	0.2698	0.2699	0.2623	0.2625	0.2684	0.2719	0.2559	0.2705	0.2721
甘肃	0.2458	0.2409	0.2353	0.2539	0.2681	0.2804	0.2898	0.2959	0.3159	0.2937	0.3009	0.3358
青海	0.2088	0.2041	0.2330	0.2215	0.2381	0.2350	0.2161	0.2176	0.2406	0.2224	0.2475	0.2640
宁夏	0.2498	0.2508	0.2534	0.2531	0.2567	0.2732	0.2532	0.2668	0.2662	0.2719	0.2857	0.2897
新疆	0.2325	0.2445	0.2440	0.2446	0.2554	0.2654	0.2670	0.2657	0.2525	0.2371	0.2628	0.2742

附表 B－2　　　　　2009～2020 年我国农业高质量发展的质量变革指数

地区	2009 年	2010 年	2011 年	2012 年	2013 年	2014 年	2015 年	2016 年	2017 年	2018 年	2019 年	2020 年
北京	0.1089	0.1072	0.1250	0.1085	0.1203	0.1042	0.1001	0.1035	0.1237	0.1196	0.1373	0.1157
天津	0.0726	0.1095	0.1017	0.0910	0.1097	0.0810	0.0836	0.0834	0.0901	0.1050	0.1069	0.0980
河北	0.0886	0.0961	0.1050	0.0951	0.1068	0.0981	0.0994	0.1075	0.0991	0.0941	0.0964	0.1201
山西	0.1084	0.1085	0.1086	0.1104	0.1218	0.1207	0.1141	0.1151	0.1094	0.0971	0.1030	0.1228
内蒙古	0.0973	0.0911	0.1005	0.0900	0.1034	0.0959	0.0977	0.1035	0.1040	0.1043	0.1104	0.1120
辽宁	0.1107	0.0977	0.1181	0.0985	0.1123	0.1090	0.1159	0.1389	0.1287	0.1289	0.1229	0.1161
吉林	0.1256	0.1189	0.1277	0.1266	0.1292	0.1210	0.1209	0.1149	0.1135	0.1274	0.1198	0.1210
黑龙江	0.1070	0.0911	0.0990	0.1039	0.0894	0.0971	0.0960	0.1032	0.1236	0.1235	0.1205	0.1288
上海	0.0963	0.1041	0.1059	0.0970	0.1127	0.1167	0.1138	0.1027	0.1133	0.1315	0.1823	0.2332
江苏	0.0864	0.0887	0.0878	0.0782	0.0844	0.0865	0.0819	0.0936	0.0722	0.0842	0.0967	0.0945
浙江	0.0828	0.0988	0.0902	0.0850	0.0884	0.0877	0.0893	0.0924	0.0862	0.0827	0.0972	0.0996
安徽	0.1058	0.1003	0.1034	0.0857	0.0984	0.0944	0.0833	0.0922	0.0891	0.0892	0.0863	0.0885
福建	0.0817	0.0823	0.0905	0.0814	0.0849	0.0835	0.0849	0.0787	0.0803	0.0769	0.0835	0.0958
江西	0.0847	0.0830	0.0861	0.0773	0.0796	0.0762	0.0756	0.0881	0.0783	0.0810	0.0869	0.1026
山东	0.0992	0.1055	0.1159	0.1067	0.1099	0.1109	0.1067	0.1094	0.1114	0.1018	0.0996	0.1237
河南	0.1009	0.1061	0.1063	0.1032	0.1011	0.1000	0.1023	0.0949	0.0914	0.0835	0.0904	0.1157
湖北	0.0988	0.0989	0.1023	0.0931	0.1038	0.1061	0.0970	0.0945	0.0969	0.0994	0.1010	0.1010
湖南	0.1029	0.0975	0.1025	0.0963	0.0995	0.0971	0.0994	0.1085	0.1032	0.0996	0.1011	0.1167
广东	0.0760	0.0780	0.0782	0.0665	0.0752	0.0719	0.0654	0.0772	0.0681	0.0821	0.0815	0.0831
广西	0.1021	0.0932	0.0974	0.0941	0.1147	0.1071	0.1001	0.1114	0.1108	0.0967	0.1004	0.1177
海南	0.0774	0.0993	0.0945	0.0821	0.0873	0.0793	0.0849	0.1041	0.0957	0.0985	0.1001	0.1030
重庆	0.1312	0.1299	0.1231	0.1099	0.1250	0.1134	0.1102	0.1104	0.1217	0.1115	0.1119	0.1368
四川	0.1064	0.1095	0.1033	0.1017	0.1086	0.1035	0.1031	0.0942	0.0931	0.0934	0.0976	0.1096
贵州	0.1092	0.1017	0.1061	0.1191	0.1173	0.1225	0.1268	0.1325	0.1265	0.1239	0.1309	0.1473
云南	0.1213	0.1081	0.1255	0.1375	0.1272	0.1214	0.1314	0.1501	0.1394	0.1320	0.1402	0.1472
陕西	0.1159	0.1159	0.1219	0.1181	0.1145	0.1068	0.1022	0.1039	0.1056	0.0942	0.1058	0.1114
甘肃	0.1289	0.1146	0.1074	0.1125	0.1183	0.1133	0.1112	0.1073	0.1152	0.1004	0.1121	0.1281
青海	0.1013	0.0970	0.1222	0.0978	0.1161	0.1094	0.0955	0.0917	0.1136	0.0972	0.1208	0.1332
宁夏	0.0941	0.0958	0.0979	0.0967	0.0948	0.1058	0.0832	0.0930	0.0907	0.0954	0.1100	0.1157
新疆	0.0757	0.0821	0.0809	0.0772	0.0723	0.0747	0.0749	0.0741	0.0660	0.0754	0.0882	0.0872

附表 B-3　　　　2009～2020 年我国农业高质量发展的效率变革指数

地区	2009 年	2010 年	2011 年	2012 年	2013 年	2014 年	2015 年	2016 年	2017 年	2018 年	2019 年	2020 年
北京	0.0701	0.0696	0.0681	0.0658	0.0689	0.0704	0.0718	0.0676	0.0599	0.0565	0.0530	0.0496
天津	0.0632	0.0621	0.0584	0.0533	0.0557	0.0624	0.0650	0.0667	0.0502	0.0425	0.0424	0.0482
河北	0.0903	0.0919	0.0937	0.0947	0.0984	0.1076	0.1137	0.1168	0.1264	0.1327	0.1605	0.1800
山西	0.0802	0.0809	0.0823	0.0901	0.0958	0.1023	0.0982	0.0914	0.0871	0.0900	0.0909	0.0932
内蒙古	0.1109	0.1153	0.1200	0.1259	0.1237	0.1247	0.1281	0.1296	0.1336	0.1322	0.1311	0.1354
辽宁	0.0852	0.0847	0.0878	0.0816	0.0824	0.0814	0.0923	0.0895	0.0911	0.0886	0.0959	0.1006
吉林	0.0882	0.0894	0.0934	0.0976	0.1013	0.1071	0.1075	0.1152	0.1123	0.1136	0.1201	0.1255
黑龙江	0.1392	0.1396	0.1350	0.1412	0.1481	0.1579	0.1554	0.1609	0.1606	0.1547	0.1607	0.1702
上海	0.0638	0.0648	0.0675	0.0637	0.0628	0.0635	0.0618	0.0550	0.0521	0.0510	0.0530	0.0581
江苏	0.0903	0.0916	0.0944	0.1010	0.1055	0.1130	0.1244	0.1313	0.1455	0.1646	0.1950	0.2060
浙江	0.0949	0.0958	0.0993	0.0977	0.0980	0.0993	0.1277	0.1611	0.2011	0.2625	0.3217	0.3486
安徽	0.0896	0.0904	0.0951	0.1026	0.1046	0.1076	0.1103	0.1117	0.1107	0.1126	0.1173	0.1204
福建	0.0899	0.0899	0.0920	0.0922	0.0921	0.0898	0.0991	0.1043	0.1139	0.1195	0.1419	0.1623
江西	0.0952	0.0992	0.1038	0.1055	0.1032	0.1062	0.1101	0.1137	0.1176	0.1164	0.1265	0.1242
山东	0.1036	0.1051	0.1092	0.1123	0.1159	0.1210	0.1324	0.1327	0.1464	0.1633	0.1824	0.2043
河南	0.0838	0.0855	0.0866	0.0842	0.0915	0.0934	0.0966	0.0975	0.0930	0.0971	0.1128	0.1335
湖北	0.0901	0.0965	0.1007	0.0936	0.1010	0.1047	0.1028	0.1088	0.1070	0.0997	0.1055	0.1134
湖南	0.0873	0.0876	0.0883	0.0835	0.0811	0.0808	0.0763	0.0920	0.0896	0.0894	0.0988	0.1105
广东	0.0741	0.0754	0.0766	0.0834	0.0889	0.0928	0.1044	0.1228	0.1439	0.1740	0.2201	0.2597
广西	0.0717	0.0722	0.0735	0.0796	0.0803	0.0806	0.0819	0.0846	0.0840	0.0797	0.0920	0.0977
海南	0.1054	0.1063	0.1121	0.1128	0.1139	0.1117	0.1188	0.1195	0.1143	0.1160	0.1207	0.1206
重庆	0.0745	0.0779	0.0803	0.0815	0.0888	0.0967	0.0951	0.0980	0.1007	0.1009	0.1081	0.1076
四川	0.0803	0.0802	0.0798	0.0825	0.0865	0.0892	0.0956	0.0968	0.1006	0.0978	0.1042	0.1124
贵州	0.0761	0.0778	0.0782	0.0827	0.0853	0.0846	0.0868	0.0925	0.0891	0.0939	0.0991	0.1077
云南	0.0652	0.0665	0.0684	0.0733	0.0796	0.0800	0.0794	0.0855	0.0838	0.0836	0.0965	0.1004
陕西	0.1017	0.1040	0.1085	0.1159	0.1168	0.1155	0.1192	0.1233	0.1232	0.1200	0.1238	0.1189
甘肃	0.0824	0.0922	0.0938	0.1006	0.1073	0.1148	0.1183	0.1236	0.1256	0.1239	0.1267	0.1423
青海	0.0772	0.0786	0.0816	0.0934	0.0878	0.0900	0.0844	0.0881	0.0866	0.0853	0.0849	0.0870
宁夏	0.1112	0.1110	0.1117	0.1100	0.1083	0.1085	0.1088	0.1084	0.1066	0.1101	0.1075	0.1071
新疆	0.1212	0.1274	0.1264	0.1279	0.1423	0.1460	0.1471	0.1471	0.1422	0.1233	0.1364	0.1474

附表 B-4　　　　2009~2020 年我国农业高质量发展的动力变革指数

地区	2009 年	2010 年	2011 年	2012 年	2013 年	2014 年	2015 年	2016 年	2017 年	2018 年	2019 年	2020 年
北京	0.0630	0.0679	0.0686	0.0682	0.0752	0.0802	0.0816	0.0875	0.0892	0.0903	0.0941	0.1013
天津	0.0445	0.0493	0.0552	0.0583	0.0619	0.0635	0.0668	0.0651	0.0614	0.0592	0.0579	0.0589
河北	0.0443	0.0443	0.0461	0.0458	0.0467	0.0475	0.0486	0.0430	0.0453	0.0431	0.0432	0.0438
山西	0.0380	0.0387	0.0384	0.0394	0.0410	0.0396	0.0404	0.0392	0.0430	0.0426	0.0422	0.0419
内蒙古	0.0438	0.0444	0.0441	0.0475	0.0471	0.0509	0.0533	0.0513	0.0517	0.0522	0.0522	0.0545
辽宁	0.0505	0.0512	0.0539	0.0569	0.0726	0.0700	0.0684	0.0612	0.0579	0.0542	0.0524	0.0533
吉林	0.0350	0.0363	0.0356	0.0355	0.0361	0.0360	0.0352	0.0343	0.0383	0.0377	0.0381	0.0378
黑龙江	0.0363	0.0373	0.0349	0.0344	0.0337	0.0338	0.0349	0.0340	0.0315	0.0294	0.0293	0.0309
上海	0.0351	0.0330	0.0348	0.0402	0.0397	0.0365	0.0375	0.0378	0.0420	0.0386	0.0428	0.0447
江苏	0.0367	0.0387	0.0417	0.0467	0.0514	0.0590	0.0607	0.0623	0.0634	0.0642	0.0639	0.0675
浙江	0.0340	0.0349	0.0352	0.0371	0.0386	0.0399	0.0415	0.0418	0.0432	0.0454	0.0449	0.0466
安徽	0.0300	0.0308	0.0317	0.0318	0.0331	0.0333	0.0354	0.0347	0.0358	0.0367	0.0377	0.0396
福建	0.0272	0.0279	0.0283	0.0291	0.0299	0.0308	0.0315	0.0315	0.0347	0.0350	0.0359	0.0375
江西	0.0334	0.0353	0.0346	0.0366	0.0377	0.0404	0.0417	0.0424	0.0451	0.0460	0.0427	0.0442
山东	0.0519	0.0546	0.0545	0.0540	0.0548	0.0534	0.0536	0.0515	0.0528	0.0523	0.0510	0.0517
河南	0.0358	0.0362	0.0380	0.0400	0.0414	0.0433	0.0431	0.0427	0.0439	0.0435	0.0429	0.0427
湖北	0.0283	0.0275	0.0282	0.0299	0.0339	0.0371	0.0382	0.0388	0.0398	0.0401	0.0399	0.0414
湖南	0.0282	0.0275	0.0276	0.0299	0.0312	0.0311	0.0314	0.0305	0.0333	0.0336	0.0333	0.0345
广东	0.0230	0.0240	0.0246	0.0254	0.0256	0.0261	0.0259	0.0252	0.0266	0.0264	0.0277	0.0289
广西	0.0252	0.0263	0.0260	0.0273	0.0280	0.0279	0.0290	0.0315	0.0322	0.0319	0.0317	0.0331
海南	0.0291	0.0329	0.0348	0.0373	0.0276	0.0268	0.0272	0.0280	0.0284	0.0295	0.0300	0.0301
重庆	0.0266	0.0272	0.0271	0.0261	0.0316	0.0316	0.0318	0.0301	0.0299	0.0293	0.0227	0.0320
四川	0.0285	0.0296	0.0295	0.0312	0.0348	0.0352	0.0358	0.0343	0.0336	0.0330	0.0331	0.0355
贵州	0.0223	0.0230	0.0233	0.0225	0.0227	0.0230	0.0223	0.0169	0.0297	0.0312	0.0310	0.0328
云南	0.0293	0.0308	0.0297	0.0256	0.0256	0.0261	0.0276	0.0282	0.0300	0.0299	0.0295	0.0312
陕西	0.0368	0.0355	0.0340	0.0332	0.0357	0.0364	0.0373	0.0373	0.0391	0.0378	0.0369	0.0376
甘肃	0.0325	0.0316	0.0316	0.0383	0.0397	0.0491	0.0568	0.0615	0.0715	0.0655	0.0581	0.0612
青海	0.0288	0.0265	0.0267	0.0277	0.0313	0.0326	0.0333	0.0349	0.0375	0.0368	0.0386	0.0405
宁夏	0.0406	0.0397	0.0393	0.0418	0.0489	0.0535	0.0557	0.0599	0.0633	0.0607	0.0624	0.0612
新疆	0.0317	0.0305	0.0320	0.0349	0.0358	0.0391	0.0397	0.0392	0.0389	0.0327	0.0323	0.0333

参考文献

[1] 蔡跃洲，张钧南．信息通信技术对中国经济增长的替代效应与渗透效应［J］．经济研究，2015（12）：100-114.

[2] 蔡跃洲．数字经济的增加值及贡献度测算：历史沿革、理论基础与方法框架［J］．求是学刊，2018（5）：65-71.

[3] 曹智，刘彦随，李裕瑞，等．中国专业村镇空间格局及其影响因素［J］．地理学报，2020（8）：1647-1666.

[4] 陈池波，李硕，田云．农村产业融合发展水平的统计评价［J］．统计与决策，2021（21）：164-169.

[5] 陈诗一，陈登科．雾霾污染、政府治理与经济高质量发展［J］．经济研究，2018（2）：20-34.

[6] 陈宇斌，王森．土地流转政策对农业高质量发展的影响——基于连续型DID的实证分析［J］．当代经济管理，2022（2）：1-13.

[7] 程承坪，邱依婷．改革开放以来中国经济持续高增长的理论及实践［J］．中国软科学，2018（2）：160-167，176.

[8] 程名望，张家平．互联网普及与城乡收入差距：理论与实证［J］．中国农村经济，2019（2）：19-41.

[9] 丁任重，李标．供给侧结构性改革的马克思主义政治经济学分析［J］．中国经济问题，2017（1）：3-10.

[10] 杜志雄，罗千峰，杨鑫．农业高质量发展的内涵特征、发展困境与实现路径：一个文献综述［J］．农业农村部管理干部学院学报，2021（4）：14-25.

[11] 方大春, 马为彪. 中国省际高质量发展的测度及时空特征 [J]. 区域经济评论, 2019 (2): 61-70.

[12] 龚斌磊. 农业技术扩散与生产率收敛: 理论框架与中国实证 [Z]. 中国经济学学术资源网工作论文, No. WP1455, 2020.

[13] 龚锐, 谢黎, 王亚飞. 农业高质量发展与新型城镇化的互动机理及实证检验 [J]. 改革, 2020 (7): 145-159.

[14] 谷洪波, 吴闯. 我国中部六省农业高质量发展评价研究 [J]. 云南农业大学学报 (社会科学), 2019 (6): 74-82.

[15] 郭斐然. 关键是做好自己的事情! 习近平这样论述高质量发展 [EB/OL]. (2019-07-29) [2022-04-01]. http://www.qstheory.cn/zhuanqu/2019-07/29/c_1124812946.htm.

[16] 郭家堂, 骆品亮. 互联网对中国全要素生产率有促进作用吗? [J]. 管理世界, 2016 (10): 34-49.

[17] 郭永田. 充分利用信息技术推动现代农业发展——澳大利亚农业信息化及其对我国的启示 [J]. 华中农业大学学报 (社会科学版), 2016 (2): 1-8, 134.

[18] 国家发展改革委经济研究所课题组. 推动经济高质量发展研究 [J]. 宏观经济研究, 2019 (2): 5-17, 91.

[19] 国务院发展研究中心农村经济研究部课题组, 叶兴庆, 程郁. 新发展阶段农业农村现代化的内涵特征和评价体系 [J]. 改革, 2021 (9): 1-15.

[20] 韩海彬, 李谷成, 何岸. 中国农业增长质量的时空特征与动态演进: 2000—2015 [J]. 广东财经大学学报, 2017 (6): 95-105.

[21] 韩海彬, 张莉. 农业信息化对农业全要素生产率增长的门槛效应分析 [J]. 中国农村经济, 2015 (8): 11-21.

[22] 韩军辉, Shakhzod Shokirov, 柳洋. 基于熵值法的高质量发展综合评价研究 [J]. 科技和产业, 2019 (6): 79-83.

[23] 韩长赋. 大力推进质量兴农绿色兴农 加快实现农业高质量发

展 [N]．农民日报，2018 – 02 – 06.

[24] 何立峰．深入贯彻新发展理念　推动中国经济迈向高质量发展 [J]．宏观经济管理，2018 (4)：4 – 5，14.

[25] 贺晓宇，沈坤荣．现代化经济体系、全要素生产率与高质量发展 [J]．上海经济研究，2018 (6)：25 – 34.

[26] 胡大立．产业关联、产业协同与集群竞争优势的关联机理 [J]．管理学报，2006 (6)：709 – 713，727.

[27] 黄群慧，余泳泽，张松林．互联网发展与制造业生产率提升：内在机制与中国经验 [J]．中国工业经济，2019 (8)：5 – 23.

[28] 黄修杰．农业高质量发展的空间分异与影响因素——以广东省为例 [J]．农业资源与环境学报，2021 (4)：699 – 708.

[29] 黄宗智，彭玉生．三大历史性变迁的交汇与中国小规模农业的前景 [J]．中国社会科学，2007 (4)：74 – 88，205 – 206.

[30] 姜长云，李俊茹．2035 年中国特色的农业农村现代化指标体系研究 [J]．全球化，2021 (4)：92 – 108，136.

[31] 金碚．关于"高质量发展"的经济学研究 [J]．中国工业经济，2018 (4)：5 – 18.

[32] 金芳，金荣学．农业产业结构变迁对绿色全要素生产率增长的空间效应分析 [J]．华中农业大学学报（社会科学版），2020 (1)：124 – 134，168 – 169.

[33] 寇建平．新时期推动我国农业高质量发展的对策建议 [J]．农业科技管理，2018 (3)：1 – 4.

[34] 匡远凤．技术效率、技术进步、要素积累与中国农业经济增长——基于 SFA 的经验分析 [J]．数量经济技术经济研究，2012 (1)：3 – 18.

[35] 李波，张俊飚，李海鹏．中国农业碳排放时空特征及影响因素分解 [J]．中国人口·资源与环境，2011 (8)：80 – 86.

[36] 李谷成，蔡慕宁，叶锋．互联网、人力资本和农业全要素生产率增长 [J]．湖南农业大学学报（社会科学版），2021 (4)：16 – 23.

[37] 李谷成,陈宁陆,闵锐. 环境规制条件下中国农业全要素生产率增长与分解 [J]. 中国人口·资源与环境, 2011 (11): 153 - 160.

[38] 李谷成. 技术效率、技术进步与中国农业生产率增长 [J]. 经济评论, 2009 (1): 60 - 68.

[39] 李国祥. 论中国农业发展动能转换 [J]. 中国农村经济, 2017 (7): 2 - 14.

[40] 李焕彰,钱忠好. 财政支农政策与中国农业增长: 因果与结构分析 [J]. 中国农村经济, 2004 (8): 38 - 43.

[41] 李金昌,史龙梅,徐蔼婷. 高质量发展评价指标体系探讨 [J]. 统计研究, 2019 (1): 4 - 14.

[42] 李梦欣,任保平. 新时代中国高质量发展的综合评价及其路径选择 [J]. 财经科学, 2019 (5): 26 - 40.

[43] 李欠男,李谷成. 互联网发展对农业全要素生产率增长的影响 [J]. 华中农业大学学报 (社会科学版), 2020 (4): 71 - 78, 177.

[44] 李士梅,尹希文. 中国农村劳动力转移对农业全要素生产率的影响分析 [J]. 农业技术经济, 2017 (9): 4 - 13.

[45] 李伟. 高质量发展的六大内涵 [J]. 中国林业产业, 2018 (Z1): 50 - 51.

[46] 李晓龙. 农村产业融合对农业全要素生产率的效应检验与机制分析 [J]. 江苏农业科学, 2021 (22): 20 - 26.

[47] 林兆木. 关于我国经济高质量发展的几点认识 [N]. 人民日报, 2018 - 01 - 17.

[48] 刘家旗,茹少峰. 中国高质量发展水平测度: 人民群众感知视角 [J]. 经济纵横, 2021 (5): 93 - 101.

[49] 刘世锦. 推动经济发展质量变革、效率变革、动力变革 [J]. 中国发展观察, 2017 (21): 5 - 6, 9.

[50] 刘守英,龙婷玉. 城乡转型的政治经济学 [J]. 政治经济学评论, 2020 (1): 97 - 115.

［51］刘涛，李继霞，霍静娟．中国农业高质量发展的时空格局与影响因素［J］．干旱区资源与环境，2020（10）：1-8.

［52］刘彦随．中国新时代城乡融合与乡村振兴［J］．地理学报，2018（4）：637-650.

［53］刘志彪，凌永辉．结构转换、全要素生产率与高质量发展［J］．管理世界，2020（7）：15-29.

［54］刘忠宇，热孜燕·瓦卡斯．中国农业高质量发展的地区差异及分布动态演进［J］．数量经济技术经济研究，2021（6）：28-44.

［55］鲁继通．我国高质量发展指标体系初探［J］．中国经贸导刊（中），2018（20）：4-7.

［56］吕薇．探索体现高质量发展的评价指标体系［J］．中国人大，2018（11）：23-24.

［57］马晓河，胡拥军．"互联网+"推动农村经济高质量发展的总体框架与政策设计［J］．宏观经济研究，2020（7）：5-16.

［58］裴长洪，倪江飞，李越．数字经济的政治经济学分析［J］．财贸经济，2018（9）：5-22.

［59］钱龙，洪名勇．非农就业、土地流转与农业生产效率变化——基于CFPS的实证分析［J］．中国农村经济，2016（12）：2-16.

［60］乔晓楠，郗艳萍．人工智能与现代化经济体系建设［J］．经济纵横，2018（6）：81-91.

［61］全炯振．中国农业全要素生产率增长的实证分析：1978～2007年——基于随机前沿分析（SFA）方法［J］．中国农村经济，2009（9）：36-47.

［62］人民日报．必须把发展质量问题摆在更为突出的位置——习近平总书记关于推动高质量发展重要论述综述［N/OL］．（2020a-12-17）［2022-04-01］．http：//politics. people. com. cn/n1/2020/1217/c1001-31969150. html.

［63］人民日报．坚持以深化供给侧结构性改革为主线［N/OL］．

(2020b – 12 – 11) ［2022 – 04 – 01］. http：//www. qstheory. cn/qshyjx/2020 – 12/11/c_1126847059. htm.

［64］人民日报. 坚定不移走高质量发展之路　坚定不移增进民生福祉［N/OL］. (2021 – 03 – 08) ［2022 – 04 – 01］. http：//jhsjk. people. cn/article/32045256.

［65］人民日报. 在服务和融入新发展格局上展现更大作为　奋力谱写全面建设社会主义现代化国家福建篇章［N/OL］. (2021 – 03 – 26) ［2022 – 04 – 01］. http：//jhsjk. people. cn/article/32061251.

［66］任保平，文丰安. 新时代中国高质量发展的判断标准、决定因素与实现途径［J］. 改革，2018 (4)：5 – 16.

［67］任晓. 高质量发展的内涵与路径［N］. 温州日报，2018 – 02 – 27.

［68］芮旸，杨华，杨坤. 陕西省黄河流域农业高质量发展的时空演化特征及影响机理［J］. 中国农业大学学报，2021 (5)：141 – 152.

［69］赛迪顾问股份有限公司. 中国数字经济发展指数白皮书［R］. 2020.

［70］师博，任保平. 中国省际经济高质量发展的测度与分析［J］. 经济问题，2018 (4)：1 – 6.

［71］石良平，王素云，王晶晶. 从存量到流量的经济学分析：流量经济理论框架的构建［J］. 学术月刊，2019 (1)：50 – 58.

［72］是说新语. 坚持人民至上、坚持以人民为中心［EB/OL］. (2021 – 07 – 12) ［2022 – 04 – 01］. http：//www. qstheory. cn/laigao/ycjx/2021 – 07/12/c_1127646046. htm.

［73］宋洪远. 推进农业高质量发展［J］. 中国发展观察，2018 (23)：49 – 53.

［74］孙克. 中国资本体现式技术进步估计［J］. 经济科学，2011 (3)：33 – 45.

［75］汪锋，张宗益，康继军. 企业市场化、对外开放与中国经济增长条件收敛［J］. 世界经济，2006 (6)：48 – 60.

［76］汪和建. 自我行动的逻辑——当代中国人的市场实践［M］. 北京：北京大学出版社，2013：78-79.

［77］汪淼军，张维迎，周黎安. 企业信息化投资的绩效及其影响因素：基于浙江企业的经验证据［J］. 中国社会科学，2007（6）：81-93，206.

［78］汪淼军，张维迎，周黎安. 信息化、组织行为与组织绩效：基于浙江企业的实证研究［J］. 管理世界，2007（4）：96-104，129，172.

［79］汪淼军，张维迎，周黎安. 信息技术、组织变革与生产绩效——关于企业信息化阶段性互补机制的实证研究［J］. 经济研究，2006（1）：65-77.

［80］汪晓东，李翔，刘书文. 谱写农业农村改革发展新的华彩乐章——习近平总书记关于"三农"工作重要论述综述［EB/OL］.（2021-09-23）［2022-04-01］. http：//www. gov. cn/xinwen/2021-09/23/content_5638778. htm.

［81］王春新. 中国经济转向高质量发展的内涵及目标［J］. 金融博览，2018（5）：42-43.

［82］王建英，陈志钢，黄祖辉，等. 转型时期土地生产率与农户经营规模关系再考察［J］. 管理世界，2015（9）：65-81.

［83］王剑程，李丁，马双. 宽带建设对农户创业的影响研究——基于"宽带乡村"建设的准自然实验［J］. 经济学（季刊），2020（1）：209-232.

［84］王珏，宋文飞，韩先锋. 中国地区农业全要素生产率及其影响因素的空间计量分析——基于1992~2007年省域空间面板数据［J］. 中国农村经济，2010（8）：24-35.

［85］王璐，杨汝岱，吴比. 中国农户农业生产全要素生产率研究［J］. 管理世界，2020（12）：77-93.

［86］王兴国，吴梵，刘韬. 农村金融发展影响农业高质量发展的空间计量研究［J］. 山东社会科学，2021（10）：84-91.

［87］王一鸣. 向高质量发展转型要突破哪些关口［N］. 联合时报，2018 – 04 – 13（004）.

［88］魏敏，李书昊. 新时代中国经济高质量发展水平的测度研究［J］. 数量经济技术经济研究，2018（11）：3 – 20.

［89］习近平. 把乡村振兴战略作为新时代"三农"工作总抓手［EB/OL］.（2019 – 06 – 01）［2022 – 04 – 01］. http：//www.qstheory.cn/dukan/qs/2019 – 06/01/c_1124561415.htm.

［90］习近平. 国家中长期经济社会发展战略若干重大问题［EB/OL］.（2020 – 10 – 31）［2022 – 04 – 01］. http：//www.qstheory.cn/dukan/qs/2020 – 10/31/c_1126680390.htm.

［91］习近平. 不断做强做优做大我国数字经济［EB/OL］.（2022 – 01 – 15）［2022 – 04 – 01］. http：//www.qstheory.cn/dukan/qs/2022 – 01/15/c_1128261632.htm.

［92］习近平. 在哲学社会科学工作座谈会上的讲话［N］. 人民日报，2016 – 05 – 19（2）.

［93］夏显力，陈哲，张慧利，等. 农业高质量发展：数字赋能与实现路径［J］. 中国农村经济，2019（12）：2 – 15.

［94］辛岭，安晓宁. 我国农业高质量发展评价体系构建与测度分析［J］. 经济纵横，2019（5）：109 – 118.

［95］辛岭，高睿璞. 我国新型农业经营体系发展水平评价［J］. 经济学家，2017（9）：73 – 80.

［96］辛岭，刘衡，胡志全. 我国农业农村现代化的区域差异及影响因素分析［J］. 经济纵横，2021（12）：101 – 114.

［97］新华社. 中共中央国务院关于深入推进农业供给侧结构性改革加快培育农业农村发展新动能的若干意见［EB/OL］.（2017 – 02 – 06）［2022 – 04 – 01］. http：//www.mofcom.gov.cn/article/zt_dzswjnc/lanmuone/201704/20170402553790.shtml.

［98］新华社. 习近平向中国质量（杭州）大会致贺信［EB/OL］.

(2021 – 09 – 16) ［2022 – 04 – 01］. http：//www. qstheory. cn/yaowen/2021 –
09/16/c_1127868486. htm.

　　［99］新华网. 越是面对风险挑战，越要稳住农业，越要确保粮食和
重要副食品安全 ［EB/OL］. (2020 – 02 – 25) ［2022 – 04 – 01］. http：//
www. qstheory. cn/yaowen/2020 – 02/25/c_1125625087. htm.

　　［100］徐力行，高伟凯. 产业创新与产业协同——基于部门间产品嵌
入式创新流的系统分析 ［J］. 中国软科学，2007 (6)：131 – 134，140.

　　［101］徐现祥，李书娟，王贤彬，等. 中国经济增长目标的选择：以
高质量发展终结"崩溃论"［J］. 世界经济，2018 (10)：3 – 25.

　　［102］央广网. 推进农业由增产导向转向提质导向 ［EB/OL］. (2020 –
12 – 22) ［2022 – 04 – 01］. http：//news. cnr. cn/dj/20201222/t20201222_
525370363. shtml.

　　［103］央视评论员. 加快新旧动能转换，推动经济发展实现量的合理增
长和质的稳步提升 ［EB/OL］. (2020 – 06 – 11) ［2022 – 04 – 01］. http：//
m. cnr. cn/news/20200611/t20200611_525124760. html.

　　［104］央视网. 稳住农业基本盘　稳步提升粮食供给能力 ［EB/OL］.
(2022 – 01 – 15) ［2022 – 04 – 01］. https：//share. gmw. cn/politics/2022 –
01/15/content_35450007. htm.

　　［105］杨建利，郑文凌，邢娇阳，等. 数字技术赋能农业高质量发展
［J］. 上海经济研究，2021 (7)：81 – 90，104.

　　［106］杨仁发，李娜娜. 产业结构变迁与中国经济增长——基于马克
思主义政治经济学视角的分析 ［J］. 经济学家，2019 (8)：27 – 38.

　　［107］杨汝岱. 大数据与经济增长 ［J］. 财经问题研究，2018 (2)：
10 – 13.

　　［108］杨三省. 推动高质量发展的内涵和路径 ［N］. 陕西日报，2018 –
05 – 23.

　　［109］杨文举. 技术效率、技术进步、资本深化与经济增长：基于
DEA 的经验分析 ［J］. 世界经济，2006 (5)：73 – 83，96.

[110] 叶兴庆. 在构建新发展格局中更好保障粮食安全 [J]. 上海企业, 2021 (4): 58.

[111] 易加斌, 李霄, 杨小平, 等. 创新生态系统理论视角下的农业数字化转型: 驱动因素、战略框架与实施路径 [J]. 农业经济问题, 2021 (7): 101 - 116.

[112] 易加斌, 张梓仪, 杨小平, 等. 互联网企业组织惯性、数字化能力与商业模式创新 [J]. 南开管理评论, 2022, 25 (5): 1 - 27.

[113] 殷浩栋, 霍鹏, 汪三贵. 农业农村数字化转型: 现实表征、影响机理与推进策略 [J]. 改革, 2020 (12): 48 - 56.

[114] 于晓华, 黄莹莹, 王汉杰. 国内大循环新格局下农业农村发展的目标再定位与战略选择 [J]. 华中农业大学学报 (社会科学版), 2021 (3): 10 - 18, 182 - 183.

[115] 余泳泽, 杨晓章, 张少辉. 中国经济由高速增长向高质量发展的时空转换特征研究 [J]. 数量经济技术经济研究, 2019 (6): 3 - 21.

[116] 余泳泽. 中国省际全要素生产率动态空间收敛性研究 [J]. 世界经济, 2015 (10): 30 - 55.

[117] 袁淳, 肖土盛, 耿春晓, 等. 数字化转型与企业分工: 专业化还是纵向一体化 [J]. 中国工业经济, 2021 (9): 137 - 155.

[118] 张海霞, 王明月, 庄天慧. 贫困地区小农户农业技术采纳意愿及其异质性分析——基于"信息—动机—行为技巧"模型 [J]. 贵州财经大学学报, 2020 (3): 81 - 90.

[119] 张合林, 王颜颜. 数字普惠金融与农业高质量发展水平的收敛性研究 [J]. 金融理论与实践, 2021 (1): 9 - 18.

[120] 张军扩, 侯永志, 刘培林, 等. 高质量发展的目标要求和战略路径 [J]. 管理世界, 2019 (7): 1 - 7.

[121] 张启正, 袁菱苒, 胡伟斌, 等. 以生产率国内国际"双收敛"驱动中国农业高质量发展 [J]. 农业农村部管理干部学院学报, 2021 (4): 46 - 53.

[122] 张社梅，陈锐，罗娅. 公证嵌入下农业高质量发展的路径探讨——基于新型农业生产经营主体微观视角 [J]. 农业经济问题，2020 (6)：66-74.

[123] 张岳，周应恒. 数字普惠金融、传统金融竞争与农村产业融合 [J]. 农业技术经济，2021 (9)：68-82.

[124] 赵剑波，史丹，邓洲. 高质量发展的内涵研究 [J]. 经济与管理研究，2019 (11)：15-31.

[125] 赵涛，张智，梁上坤. 数字经济、创业活跃度与高质量发展——来自中国城市的经验证据 [J]. 管理世界，2020 (10)：65-76.

[126] 赵晓峰，孙新华，陈靖，等. 农业现代化的中国道路与关中实践 [M]. 北京：社会科学文献出版社，2019：124-125.

[127] 中国互联网络信息中心. 第39次中国互联网络发展状况统计报告 [R]. 2017.

[128] 中国互联网络信息中心. 第48次中国互联网络发展状况统计报告 [R]. 2021.

[129] 中国信息通讯研究院. 中国数字经济发展白皮书 [R]. 2021.

[130] 钟钰. 向高质量发展阶段迈进的农业发展导向 [J]. 中州学刊，2018 (5)：40-44.

[131] 钟真，蒋维扬，李丁. 社会化服务能推动农业高质量发展吗？——来自第三次全国农业普查中粮食生产的证据 [J]. 中国农村经济，2021 (12)：109-130.

[132] 朱烈夫，殷浩栋，霍鹏. 数字鸿沟：新贫困门槛的作用机制及消弥路径 [J]. 信息通信技术与政策，2020 (7)：78-82.

[133] 朱秋博，白军飞，彭超，等. 信息化提升了农业生产率吗？ [J]. 中国农村经济，2019 (4)：22-40.

[134] Acemoglu D, Dorn D, Hanson G H, Price B. Return of the solow paradox? IT, productivity and employment in US manufacturing [J]. American Economic Review, 2014, 104 (5)：394-399.

［135］Bartel A, Ichniowski C, Shaw K. How does information technology affect productivity? Plant – level comparisons of product innovation, process improvement, and worker skills ［J］. The Quarterly Journal of Economics, 2007, 122（4）: 1721 – 1758.

［136］Basu S, Fernald J. Information and communications technology as a general purpose technology: Evidence from U. S. industry data ［J］. German Economic Review, 2007, 8（2）: 146 – 173.

［137］Bechdol E, Gray A, Gloy B. Forces affecting change in crop production agriculture, Choices ［J］. The magazine of Food farm and resource issues, 2010, 25（4）: 1 – 6.

［138］Bresnahan T, Trajtenberg M. General purpose technologies "engines of growth"? ［J］. Journal of Econometrics, 1995, 65（1）: 83 – 108.

［139］Brynjolfsson E, Hitt L M, Yang S. Intangible assets: Computers and organizational capital ［J］. Brookings Papers on Economic Activity, 2002, 1（1）: 137 – 181.

［140］Brynjolfsson E, Rock D, Syverson C. Artificial intelligence and the modern productivity paradox: A clash of expectations and statistics ［Z］. NBER Working Paper, No. 14007, 2017.

［141］Brynjolfsson E, Yang S. Information technology and productivity: A review of the literature ［J］. Advances in Computers, 1996, 43: 179 – 214.

［142］Dai R, Zhu Z, Zhang X. Index of regional innovation and entrepreneurship in China（IRIEC）［Z］. Peking University Open Research Data Platform, 2021.

［143］David P, Wright G. General purpose technologies and productivity surges: Historical reflections on the future of the ICT revolution ［J］. The Economic Future in Historical Perspective, 2005.

［144］Gong B. Agricultural productivity convergence in China ［J］. China Economic Review, 2020, 60（3）: 101423.

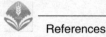
［145］ Jorgenson D W, Stiroh K J. Information technology and growth ［J］. American Economic Review, 1999, 89 (2): 109 - 115.

［146］ Jorgenson D W, Stiroh K J. Computers and growth ［J］. Economics of Innovation and New Technology, 1995, 3 (3 - 4): 295 - 316.

［147］ Jorgenson D W. Information technology and the U. S. economy ［Z］. Discussion Paper, No. 1911, 2001.

［148］ Ketteni E. Information technology and economic performance in U. S. industries ［J］. Canadian Journal of Economics, 2009, 42 (3): 844 - 865.

［149］ Lee H, Khatri Y. Information technology and productivity growth in Asia ［Z］. IMF Working Paper, No. 03/15, 2003.

［150］ Pohjola M. Information technology and economic growth: A cross - country analysis ［Z］. UNU/WIDER Working Paper, No. 173, 2001.

［151］ Mankiw N G, Romer D, Weil D N. A contribution to the empirics of economic growth ［J］. The Quarterly Journal of Economics, 1992, 107: 407 - 437.

［152］ Mergenthaler M, Weinberger K, Qaim M. Consumer valuation of food quality and food safety attributes in Vietnam ［J］. Applied Economic Perspectives and Policy, 2009, 31 (2): 266 - 283.

［153］ Milgrom P, Roberts J. Complementarities and fit strategy, structure and organizational change in manufacturing ［J］. Journal of Accounting and Economics, 1995, 19 (2 - 3): 179 - 208.

［154］ Mlachila M, Tapsoba R, Tapsoba S J A. A quality of growth index for developing countries: A proposal ［J］. Social Indicators Research, 2017, 134 (2): 675 - 710.

［155］ Oliner S, Daniel S. Computers and output growth revisited: How big is the puzzle?［J］. Brookings Papers on Economic Activity, 1994, 25 (2): 273 - 334.

图书在版编目（CIP）数据

农村互联网普及对我国农业高质量发展的影响研究 /
辛岭，刘衡著. --北京：经济科学出版社，2022. 12
（中国农业科学院农业经济与发展研究所研究论丛.
第 6 辑）
ISBN 978 - 7 - 5218 - 4301 - 9

Ⅰ.①农… Ⅱ.①辛… ②刘… Ⅲ.①互联网络 - 应
用 - 农业经济发展 - 研究 - 中国 Ⅳ.①F323 - 39

中国版本图书馆 CIP 数据核字（2022）第 218096 号

责任编辑：初少磊 尹雪晶
责任校对：李 建
责任印制：范 艳

农村互联网普及对我国农业高质量发展的影响研究

辛 岭 刘 衡/著

经济科学出版社出版、发行 新华书店经销

社址：北京市海淀区阜成路甲 28 号 邮编：100142

总编部电话：010 - 88191217 发行部电话：010 - 88191522

网址：www. esp. com. cn

电子邮箱：esp@ esp. com. cn

天猫网店：经济科学出版社旗舰店

网址：http://jjkxcbs. tmall. com

北京季蜂印刷有限公司印装

710 × 1000 16 开 9. 75 印张 140000 字

2022 年 12 月第 1 版 2022 年 12 月第 1 次印刷

ISBN 978 - 7 - 5218 - 4301 - 9 定价：45. 00 元

（图书出现印装问题，本社负责调换。电话：010 - 88191545）

（版权所有 侵权必究 打击盗版 举报热线：010 - 88191661

QQ：2242791300 营销中心电话：010 - 88191537

电子邮箱：dbts@ esp. com. cn）